考えるテニス

新装版

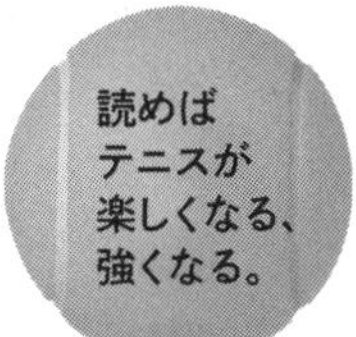

「勝てるヒント」135話

橋爪宏幸

JN050124

※本書は、ＷＥＢサイト『テニスストリームＴＶ』の著者連載コラム「勝利のレシピ」を大幅に加筆・訂正し、2013年3月に発行した書籍『考えるテニス』の新装版です。

はじめに

私は、本書に「テニスへの思い」を込めました。

中学1年の部活でテニスに出会ってから40年以上。多くの方々との出会いがあり、そのきっかけをつくってくれたテニスに感謝しています。

こんなに長い間、テニスを続けることができた一番の理由は、「試行錯誤しながら自分で考える楽しさ」を知ったからだと思います。スクールに通ったことはなく、コーチに教わった経験もない私が、ショットや攻め方を身に付けるのは容易ではありませんでした。それこそ遠回りの連続で、あれこれ悩んだものです。

試合に出場し始めのころは連戦連敗でした。イヤになるくらい負けたわけですが、ある日、人の試合を見ているうちに「すごいショットが1本あるだけでは勝てない」ことや「精神的に弱いと勝てない」など、試合に勝つためにはいくつかの要素が必要であることに気が付きました。

それが「技術」、「戦術」、「メンタルタフネス」、「体力」、「道具」の五つの要素です。

トッププロたちは、これらの要素に通じたスペシャリストを帯同させて（あるいは綿密に連絡を取り合って）世界中のツアーを回っています。この五つの要素がバランス良く影響し合うことで初めて試合に勝てるようになるのです。

私は、あなたが試合に勝つためには、プロと同じように五つの要素のレベルをバランス良く上げることが必要だと考えています。

本書は、この五つの要素から成り立っています。すべての要素のレベルが上がることを願って書き上げましたが、特に知ってほしいのは「いろんなことに気付く」ことの重要性です。あることに気付けば考えるようになります。そうすれば、いろいろなことを理解して試合に勝てるようになります。「気付いて考える」ことができるようになれば、今の実力でもライバルに勝つことが可能だと思います。

試合に勝てるようになれば、テニスが楽しくなります。もっと好きになります。

試合に勝てないと悩んでいる方は、技術がへたなのではありません。気付いて考えるクセがついていないだけなのです。このクセがつけば実感するはずです。

「テニスってこんなに面白かったのか！」と。

本書を通じて、試合で上位に進みたいと望んでいる方はもちろん、テニスがちょっとつまらなくなってきたという方も「考えるテニス」の楽しさを再確認できるはずです。

あとは、あなたがテニスコートで実践するだけ。勝利は間近です。

目次

第2章 新発想で見方を変える

今ある技術を簡単に伸ばす

第3章

必ず上位に勝ち残れる すぐに使える超実戦テクニック

第4章 自分を知り相手を知る 最強メンタルタフネス

第5章

フィジカルをつくり上げる

トーナメントの最後まで戦える

第6章 数千単位のペアと戦った経験と研究でわかった！ 究極のタイプ別攻略法

実戦ですぐに効くドリル付き

第7章 試合中の負けムードを払拭する 即効トラブル脱出法

第1章

独自の知識と豊富な経験から導いた 草トー勝利の哲学

勝てるヒント 001

毎日が特別な日

テニスコートに入る前に、常に私が心がけている言葉があります。

それは、「毎日が特別な日」。

長い間テニスを続けていると、練習内容がマンネリ化してしまいます。目的意識を感じないまま漠然とミニテニスからアップを始めて、最後はゲームで終わるという具合です。そうすると、ただでさえマンネリ化したメニューの消化を優先するあまり、深く考えないで練習してしまうようになります。しかし、こんな状態で上達するわけがありません。

そんなとき、私はあることに気付きました。それは、同じメンバーで試合形式を行っている同じようなパターンでポイントを取られたとしても、状況は1ポイントごとに変わっているということです。私は、この「微妙な違い」に気付いてテニスが上達しました。

同じコートで、同じ仲間との練習でも、「微妙な違い」に気付いて考えることが、自分のテニスに深みを持たせて、今までとは違った結果を引き出してくれます。

そのためには、自分の気持ちの持ち方を変えることです。

あなたも「毎日が特別な日」ということを心がけてください。そうすれば、新鮮な気持ちで練習に臨めるようになり、考えることが楽しくなるでしょう。

勝てるヒント 002 自分だけのネットワークを開拓しよう

テニスに勝つには、自分の練習環境を整えるのが理想です。

私が気を付けているのは、「人」、「モノ」、「お金」、「時間」、「場所」の五つです。

これらの中で、私が一番大切だと考えているのは「人」です。

誰でも上手い人と練習したいものです。とはいえ、自分より実力が上の人と練習できる機会は限られています。

そこでどうするか。私は試合で出会った強いペアに声をかけることにしています。そして、連絡先を交換するのです。そうすれば、時間さえ合えば彼らと練習できる、というわけです。

この方法は少し勇気がいるかもしれません。当初、私もなかなか言い出せませんでした。しかし、自分にいろんなことを気付かせてくれる相手は貴重な存在です。そんな人とテニスができるということは、自分のテニスの上達に絶対につながります。それを意識して、私は勇気を出して声をかけています。このおかげで、今では数多くの人と練習してもらっています。

あなたも自分だけのネットワークを開拓しましょう。充実した時間を過ごせますよ。

勝てるヒント003

「違い」に気付けば一気に上達する

イメージ通りに打てるときもあれば、そうでないときもあります。

そこには、どのような「違い」があるのでしょうか。あなたも、「この違いがわかればもっと上手くなれるのに」と感じたことがありませんか。

実際、上級者は試合で同じミスをほとんど繰り返しません。それはミスの原因を素早く理解して、自分で調整していく術を知っているからです。私も今でこそ同じミスを繰り返さないようになりましたが、テニスを始めて2年間は同じミスを数え切れないほど犯しました。特に、バックハンドは全くダメでした。

しかし、トライ&エラーを繰り返していたある日、ふとしたきっかけでそれまでとの「違い」に気付くことができたのです。

そのきっかけとは、軽く振っているのに良い当たりが出るようになったことです。そこで私は、それまでとどこが違うのかを考えました。その結果、テイクバックからインパクトまでの軌道が、インサイドアウトに変わったと同時にシンプルになっていることに気付きました。それまでは、アウトサイドインの軌道で上手く打てなかったのです。

この「違い」がわかったおかげで、私はバックハンドを修得することができました。他のショットについても同様です。多くの違いに気付いて修得していきました。
私は、自分の経験から「違い」に気付くコツは二つあると思います。

【1】比較するために必要なモノサシを持つ。

【2】失敗してもいいから動いて試す。

新しいショットや戦術を身に付けたいとき、その時点での自分のフォームや動きを冷静に評価して、それをモノサシとして新しいショットや戦術との違いを見つけてください。
そのためには、失敗してもいいから自分でいろいろと動いて試すことです。そうしないと「違い」は出てきません。その過程においては、無駄な動きもあるでしょうし、遠回りに感じることもあるでしょう。しかし、そのすべてがいつか「違い」に気付くことに必要なことなのです。
この「違い」に気付いた時、自分のテニスが一気に上達します。

勝てるヒント 004

新技を素早くマスターする6ステップ

前ページで新しいショットや戦術を身に付けたいときのコツは、「違い」に気付くことだと述べました。

ここでは、もっと踏み込んで説明したいと思います。

私は今までスクールに通ったり、コーチに教えてもらったことがありません。指導してくださったのは部活の先輩だけです。一つのショットを身に付けるにしても、かなり時間をかけたように思います。

しかし、その経験が今では私の指導に役立っています。

新しいショットや戦術を身に付けるには、私は次の6段階のステップを踏むようにしています。バックハンドのスライス修得を例にして一つずつ説明しましょう。

【①模倣】

最初はモノマネから始めます。このショットがきれいな選手（例えばロジャー・フェデラー）を真似てみます。

【②比較】

フェデラーと自分のどこが違うか比較します。動画を撮ってもらうのも有効です。

【③分析・④仕組み】

フェデラーに比べて、フォロースルーでラケットヘッドがネットの方向に向いているとします。その原因は手首の使い過ぎにあることがわかったとして、仮説を立てていろいろトライするのです。例えば「グリップから押すようなスイングで打つ」、「ラケットヘッドとグリップエンドが平行移動するように打つ」、「少し上向き面で打つ」など、この段階でトライ&エラーしてください。

【⑤原理・原則】

バックハンドスライスが上手くできたときのポイントを自分なりに整理します。今までとの違いや自分なりのコツから、一つの原理・原則（＝根本の理論）をつくるのです。

【⑥真理】

実際に試合で使うことで、ショットの使い方を知ります。その使い方が他のショットにも応用できたり、テニス全体に共通するコツに発展することもあります。これを真理（＝誰もが正しいと認める法則）と呼んでいます。

このように段階を追っていけば、長い時間をかけずに新しいモノを身に付けることができます。ぜひお試しください。

勝てるヒント 005

自分の弱点を知る「拘束ドリル」

私は、自分のフォームをチェックする際に「拘束《こうそく》ドリル」を使っています。テニスのスイングは、体全体のいろいろな動きが連動しながら出来上がっています。この点を利用したのが「拘束ドリル」で、自分がチェックしたい部分の動きが際立つように他の部分が動かない状況をつくるのです。

例えば、サーブでヒジの動きを確かめたいときには、下半身が動かない状況をつくります。イスに腰かけて打ったり、両ヒザをコートにつけて打ったりしてみます。

自分のチェックしたいところが浮き彫りになるように、他のところの動きを不自由にするのです。すべてが自由に動いていては、どこの動きが悪いのかわかりません。どこかを不自由にするから、自分の悪いところがわかるのです。

この「拘束ドリル」はフォームのチェックだけではなく、ゲーム形式の練習にも応用できます。

例えば、ボレーを集中的に練習したいのであれば、ワンバウンドを禁止するルールでゲーム形式を行うと良いでしょう。具体的には、サービスリターン以外はボールを地面にバウンドさせると失点とします。このルールにすればボレーをする機会が増えて、ポジションの取り方が上手くなります。

このように、練習は自分の工夫次第で密度の濃いものに変わります。

技術であれ戦術であれ、上達するうえで大切なことは「今の自分に何が足りていないのか?」を冷静に判断して知ること。「拘束ドリル」は、その点がクリアになるドリルだと思います。

なお、第6章の「究極のタイプ別攻略法」で、いくつか「拘束ドリル」を紹介しています。ぜひ参考にしてください。新鮮な気持ちで楽しめますよ。

勝てるヒント006

自衛隊からヒントを得た「挟差法ドリル」

私が25歳の時、自衛隊の教官の方にお話を聞く機会がありました。

その中で射撃訓練に関する話がとても面白く、私の練習法に大きなヒントを与えてくれました。

射撃で目標物を狙う際、1発目は目標物よりわざと遠くに撃つそうです。続いて2発目は目標物より近くに、3発目は1発目より近くに、4発目は2発目より遠くへ、という具合に徐々に目標物に近付けていき、最終的に的に当てるという方法でした。

この方法をテニスに応用したのが、「挟差法《きょうさほう》ドリル」と私が名付けた練習法です。

やり方は簡単。最初に目標物と離れた両極端のところにボールを打ち、徐々に差を縮めていって目標物に当てるのです。両極端な動きから、自分にとっての最適を見つけることができます。

サーブを例に挙げて説明しましょう。サービスボックスのセンターに目標物のコーンを置いたとします。通常の練習では、ひたすらコーンを狙って打つだけだと思います。

しかし、「挟差法ドリル」は違います。

1球目はコーンのはるか後方に向かって打ち、2球目はコーンの手前に狙います（ネットにかかってOKです）。この2点の距離を徐々に狭めていくことで、最適な打点や力加減がわかるようになります。結果、最終的に目標物にボールを当てることができるようになるのです（次ページのイラストを参考にしてみてください）。

この「挟差法ドリル」は、「左右のコースの打ち分け」や「上下の高さの打ち分け」、「緩急の打ち分け」、「フラットと回転の打ち分け」にも応用できます。その意味で、自分の打ったボールを限られた範囲に入れるテニスにはもってこいのドリルです。

あなたは、こんなちょっと変わったドリルに挑戦したことはないと思います。しかし、効果は抜群。コーチの手を借りずに上達のヒントをつかむことができるでしょう。ぜひトライしてみてください。

サーブで使われる挟差法ドリル

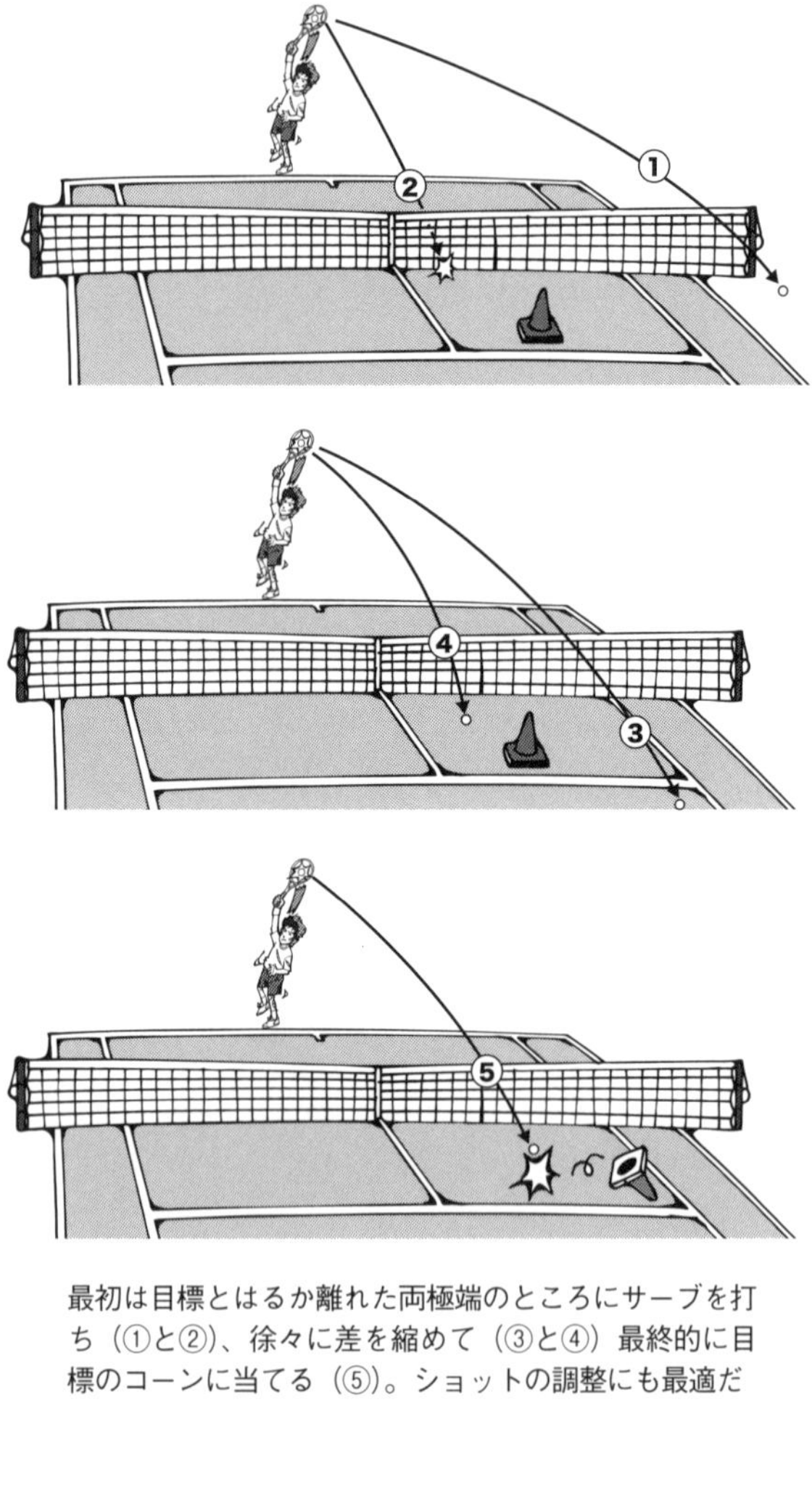

最初は目標とははるか離れた両極端のところにサーブを打ち（①と②)、徐々に差を縮めて（③と④）最終的に目標のコーンに当てる（⑤)。ショットの調整にも最適だ

勝てるヒント 007

レベルに関係なく積極的に試合に出よう

私は今、社会人サークルの練習に参加させてもらっています。

そこで、「まだ試合に出るレベルではないから」という言葉をよく耳にします。私は、すごくもったいないことだと思って聞いています。なぜなら、「基礎練習と試合を想定した実戦練習は、試合との同時進行が上達の早道」だと経験的に知っているからです。

私がテニスを始めて半年しか経っていないころ、先輩の指示で大会に出たことがあります。まだバックハンドが打てない時期でした。案の定、試合ではフォアで互角にラリーできても、バック側にボールが来ると失点。その繰り返しだったのを覚えています。

しかし、そのうちバックを打たないでポイントを取る組み立てを考えるようになりました。これが、私の〝戦術への目覚め〟だったのです。そして、基礎練習でバックが打てるようになった時、明らかに私の攻撃パターンは増えました。「今の実力でどう戦うか？」。これが、その人なりの戦術になるのではないかと思います。

ですから、レベルに関係なく試合には積極的に出ることをおすすめします。また、練習のための練習ではなく、試合のための練習を目指してください。戦術を考えられるようになり、自分のテニスの上達につながります。

勝てるヒント 008

コーチの言うことがすべてではない

テニスの上達には、人からのアドバイスが欠かせません。

特に、多くの方はコーチからアドバイスをもらっていることと思います。コーチは「産婆であるべき」というのが私の持論で、産婆とは妊婦の世話をして出産を助ける方のことです。コーチも似た役割を担っており、上手くなる（産む）のは練習する方（妊婦）であって、コーチ（産婆）は上手くなろうとする方を助ける存在であるべきだと思います。

当然、コーチはその人のレベルに合った貴重なアドバイスを与えるでしょう。それでも、上手くなろうとする方はコーチからのアドバイスを全面的に受け入れるべきではありません。1から10までコーチの言っていることが、すべてあなたに最適なアドバイスとは限らないからです。自分で考えて判断することが大切です。

とはいえ、現実問題として自分に適したアドバイスを見極めるのは難しいものです。しかし、それでも試行錯誤してみましょう。なぜなら、そこに必ず新しい発見があるからです。「どのアドバイスが今の自分に必要か」。それを選択していく過程を楽しめるくらいになってください。改めて自分のテニスを見つめ直す機会にもなります。

勝てるヒント009

アドバイスを聞くタイミング

アドバイスについては、他にも注意してほしいことがあります。

一つは、アドバイスをもらう側に準備ができているかどうかです。「自分に合ったアドバイスだったのか？」とか「そのアドバイスをどうすれば活かすことができるか？」などを考えることができて初めて、アドバイスの効果が得られるのです。

もう一つは、アドバイスを受けるタイミングです。タイミング次第で、アドバイスが活きるかどうかが決まると言ってもいいと思います。

私が一番おすすめするのは試合直後。なぜなら、相手から貴重な情報を聞くことができるからです。相手はあなたのことを分析して試合を進めていたはずですから、今のあなたの長所や短所がわかっています。

特に聞いてほしいのは、自分に勝った相手です。悔しさや恥ずかしさで複雑な気持ちになっていると思いますが、そこは勇気を出して相手に声をかけてアドバイスをもらいましょう。

その真摯《しんし》な姿勢が、間違いなくあなたのテニスを上達させます。

勝てるヒント 010

「予測する」って何？

テニスでは、予測することが大切だと言われています。

しかし、「何を予測していいのかわからない」、「予測のやり方がわからない」という方も多いと思います。予測に関して、あなたに知ってほしいことは三つあります。

一つめは、「予測とは相手の動きを事前に察知すること」。前もって察知できれば、自分たちが先手を打つことができます。その分、ポイントを取れる可能性が高くなります。

二つめは、「予測は相手を観察することから始まる」ことです。相手のショットや動きをしっかり見ることで、相手のクセや精神状態までわかるようになります。

最後は、「試合中に意識する予測は①短い時間での予測②長い時間での予測③精神面からの予測がある」ことです。①は、相手の次のショットや往復するラリー中での予測です。②は、試合前の練習から1セットを戦い終わるまでの予測です。そして、③は相手の仕草などから得られる心理状態の予測です。

私は、試合を「ウォーミングアップ〜序盤・中盤・終盤」の三つに分けて、その時間内で観察するべきことをリストアップしています。具体的な方法は、第3章のP86から解説していますので、ここでは考え方を覚えてください。

【ウォーミングアップ〜試合序盤】

この時間帯は、相手を知るうえで見ておくべきことが非常に多くあります。しかし、試合が始まってしまうと、緊張が高まってきて相手を見る余裕がなくなりがちです。それは相手も同じです。

だからこそ、最初に相手をしっかり見て収集した情報が、大事な場面やピンチの場面で重要な助けとなります。この点を肝に銘じましょう。観察することに意識を向けることで、雑念が消えるメリットもあります。

【試合中盤】

この時間帯で観察することは、変化が起きたときの相手の対応力です。序盤で得た情報を元にどんな戦術が有効になるか、少しずつ小さな仕掛けを試みて、相手がどんな対応をするかを観察するようにします。難しいと感じるかもしれませんが、この駆け引きが試合の最も面白い部分とも言えます。

【試合終盤】

いよいよ勝負の時です。序盤から中盤にかけて得た情報を元に動いていきます。また、相手がどんな精神状態にあるかも見ておくべきです。相手の精神状態によって、次の作戦が変わってくるからです。

勝てるヒント 011
普段からパートナーと話し合おう

力が接近している同士の試合は、よくタイブレークになります。「タイブレークの勝負は時の運」と感じている方も少なくないでしょう。しかし、そう思っているなら、すでに負けています。

タイブレークに勝つには、まずは三つの特徴を知ることです。

【1】短期決戦である。

【2】サーブが2ポイント交代になる。

【3】最初はアドコートから打たなければならない。

つまり、タイブレークはそれまでのゲームと全く違った状況でプレーしなければいけないということです。そして、タイブレークに勝つためには、状況の変化に素早く対応することが求められます。この点をパートナーと事前に確認しましょう。そうすれば、作戦を考えるようになり、運任せの展開にはならないはずです。

ペアの力が試されるのはタイブレークだけではありません。雨でインドアに移ったり、ときには翌日に試合を再開することもあるかもしれません。普段からパートナーといろんな状況への対策を話し合ってください。備えあれば憂いなし、です。

勝てるヒント 012

「自律訓練法」で自分の体調を把握する

あなたは、自分の体の状態を把握していますか。「今日は調子がいいな」と感じたことはありますか。

というのも、試合での体調は勝負に大きく影響するからです。いつもと違って、動きが遅くなれば、それはショットのミスにつながります。ですから、日ごろから自分の体調を知っておくことは試合に勝つうえでも健康のうえでも大切なことなのです。

私は、「自律訓練法」と呼んでいる方法で自分の体の状態を常にチェックしています。まず、ベッドの上に仰向《あおむ》けになります。次に、右手→左手→右足→左足→ひたいの順にいろんな感覚を味わいます。例えば、「(右手が)重い」、「(右手が)温かい」、「(右手が)冷たい」といったことを感じ取るのです。

これができるようになると、自分の体の状態を把握でき、コントロールできるようになります。自分の体に何が起こっているのかがわかれば、不安や心配はなくなります。さらに、その原因がわかれば緊張は和らぐものです。

勝てるヒント 013
週末に勝つための日常の過ごし方

私のテニスのピークは、おそらく田園オープンを3連覇した35歳前後だったと思います。大学4年で草トーナメントに出場し始めて、30歳のころには年間120大会から130大会に出ていました。社会人なので試合は土日だけ。平日に出場できない分、1日に2種目に出たり、大会をはしごしたこともあります。平日は仕事が終わった後の時間を有効に使うことに努め、週末の試合で実力を試していました。

草トーで200回以上も優勝できたのは、体調を週末に向けて万全に整えていたこともあります。当時の私が実行していたスケジュールは、限られた時間の中で草トーに勝ちたい方に参考になると思います。

まずは、土日の草トーに向けた月曜日から金曜日までの過ごし方です。

【月曜日と火曜日】土日の試合の疲れを取るために、マッサージやサウナといった体のメンテナンスに時間をあてる。

【水曜日と木曜日】試合で乱れたフォームをチェックするために、基礎練習に多くの時間をかける。

【金曜日】試合会場への移動あるいは休養。

このリズムで、平日のアフター5はテニス中心で過ごしました。

しかし、年齢や周囲の環境が変わり、今は照準を合わせる大会を年間3大会か4大会に絞って、それに向かってコンディションをつくるようにしています。目指す試合から逆算して以下のように考えています。

【1か月前】ランニングやトレーニングによる体力強化。

【3週間前】例えばパワーのない人にヒッティングパートナーを頼む。スピードはあっても軽めの球質・球種を打ってもらってフォームのチェック。

【2週間前】ペアとの練習やパートナーを敵にしてのゲームチェック。

【1週間前】スピンのかかった重めの球質のボールに慣れる（パワーのある人が相手）。

【2~3日前】睡眠時間を十分に取る。

【試合後】マッサージやサウナだけでなく、アイシングや湿布、キネシオテープで体をニュートラルな状態に戻す。また、アミノ酸系サプリメントや漢方薬も使う。

試合に数多く出場できていたころと比べて、現在は出場数が減りました。

しかし、自分の中で草トー出場やテニスそのものに対するモチベーションは、以前より高い気がします。テニスは生涯スポーツとして最高だと実感している今日このごろです。

勝てるヒント 014

自己催眠で緊張を和らげる

いざ試合になると、なぜ人は緊張してしまうのでしょうか。

この緊張が余計な〝力み〟を生んで、プレーをぎこちないものにしています。あなたも緊張のあまり普段のプレーができなかった経験があると思います。

私もかつては何度も試合中に緊張していましたが、一種の自己催眠法を確立してからは緊張を和らげることができるようになりました。

催眠法といっても危ないものではありません。要はイメージトレーニングです。

この方法は、試合の1週間くらい前から開始します。夜寝る前の、体が一番リラックスしているときに、次のようなイメージを思い浮かべるのです。

【1】試合に勝ってうれしい気持ちになる。

↓

【2】勝てる内容の試合をしている。

↓

【3】試合がこれから始まる。

↓

【4】試合会場に向かっている。

↑

【5】朝起きて自宅で支度をしている。

最初に勝利をイメージするのは、自分が真っ先に達成したい目標だからです。このトレーニングのコツと言えます。ここまでイメージできたら、今度は逆に【5】から【1】までイメージしてみてください。

こういったイメージトレーニングを繰り返し行なうことで、〝試合に勝つ〟ということを自分で感じることができます。それが自分のテニスに対する自信につながるのです。また、イメージの中で試合に慣れておけば、緊張しがちな本番でリラックスできます。

他にも、緊張を和らげる方法があります。

それは、練習でわざと力んで打つのです。思い切り力んで打てば、体はどんどん硬くなっていきます。このとき、自分の筋肉のどの部分が硬くなっているかがわかります。わかったら、その部分を和らげれば良いのです。力んだ後に力を抜けばリラックスできる、というわけです。

ぜひこれらの方法を実践してみてください。

本番の試合でも慌てずにリラックスモードに変わることができます。

勝てるヒント 015

極度に緊張する人を救う意外なモノ

日ごろから極度に緊張してしまう方はいるものです。「誰かに見られているかもしれない。負けたくない」とか「恥ずかしい思いをしたくない」という気持ちが強いのでしょう。試合では普段の実力の半分も発揮できません。なんとも残念な話です。

そんな方によく効くのがビー玉です。

試合の合間や試合会場に向かっているときに、2個のビー玉を片手の中でコロコロと動かし続けてみましょう。試合のことしか考えられなかったのに、手の平で動かすものに神経を持っていくことで不思議と緊張が和らぎます。

緊張を和らげる方法を説明してきましたが、だからと言って「絶対に緊張してはいけない」とか「緊張している自分はダメだ」と思わないことです。

緊張はプレーに悪影響を及ぼしやすいことは確かですが、適度な緊張感は集中力の持続につながります。また、リラックスし過ぎてもプレーには悪影響を与えます。

勝てるヒント 016

テニスを長く楽しむ秘訣

私がテニスを始めたのは中学校の部活でした。

最初は全く打てず、たまにスイートスポットで打てた快感がモチベーションでした。

試合に出場し始めたころは、学校では出会えない人たちに出会えることや、いろんなボールを打てることが喜びでした。やがて試合に勝つ喜びを味わい、新しい技を身に付ける喜びをかみしめました。

このように、時間がたつにつれ、自分の喜びは変わってきました。

最近では、テニスが終わった後に仲間と飲む喜びだったり、衰えていく体力の中で自己表現できたときの喜びだったりします。

私の喜びが変わってきたということは、私のテニスも変わってきたということです。しかし、テニスの衰えを嘆くのではなく、幸いにも新しい喜びを見つけることができました。

テニスを通して、私は「見方を変えれば見え方も変わる」ことを学びました。

あなたのテニスだって、まだまだ楽しくなるし面白くなるのです。マンネリ化していた練習だって充実したものに変わります。

60歳を過ぎた今、見方を変えることこそテニスを長く楽しむ秘訣《ひけつ》だと実感しています。

第2章

今ある技術を簡単に伸ばす

新発想で見方を変える

勝てるヒント 017

インパクトでは目をつぶって打つ

大学4年の時に初めて草トーに出ましたが、当初はなかなか勝てませんでした。おじさんの巧みな技の前では、スピードとパワーのみでは歯が立たないのです。そんな負け試合が続く中、ある試合で相手のすぐ横を通った遅いボールがエースになったことがありました。「相手の逆を突いたボール」だったのです。これをきっかけに、このボールを身に付けるにはどうすれば良いかを考えるようになりました。

逆を突くボールとは、相手の動きによってインパクトでコースを変えるショット。そこで、私は飛んで来る相手ボールを最後まで見て打つのではなく、相手ボールの軌道イメージを思い描いて打つ練習をしました。具体的には、インパクトで目をつぶって打つのです。そして、徐々に目をつぶるタイミングを早めていきました。

やがて、軌道イメージがつくれていれば、目をつぶってもスイートスポットで打つことができるようになりました。この結果、インパクトでもボールと同時に相手の動きを見ることが可能になりました。本来、相手の動きの逆を突くのは難しいテクニックです。しかし、目をつぶって打つ練習をすることで、私はできるようになったのです。

奇抜なアイデアですが、一度試してみる価値はありますよ。

勝てるヒント 018

スティーヴィー・ワンダーに学ぶ五感を使ったテニス

あなたはアメリカのシンガー、スティーヴィー・ワンダーをご存じでしょうか。数え切れないほどのヒット曲を世に出しているのですが、若いころから視力がないハンディキャップを抱えていました。彼は、目で世界が見えない分、耳から世界を知ろうとしたそうです。あの素晴らしいメロディーは、その賜物《たまもの》なのでしょう。

えてしてテニスはボールを見る〝目〟が重視されがちですが、実は〝耳〟も重要な働きをしているのです。その意味で、音楽同様に耳を鍛えることが大切だと言えます。

例えば、耳栓をしてテニスをしてみてください。とてもプレーしにくく、いかにインパクトの音が大切なのかわかるはずです。

また、コートサイドで人の試合を見るときに、目をつぶって観戦するのも面白いでしょう。フットワークの音、インパクトの音、選手の声でプレーを想像するとイメージトレーニングになります。音はプレーヤーの気持ちを反映することもあります。前衛で構えているときに、パートナーの打ったサーブの音で、弱気になっていないか判断することもできます。

五感を意識してプレーすれば、あなたのテニスに新しい発見があるでしょう。

勝てるヒント 019

高地では平地以上に足を使う

軽井沢国際テニス大会は、「軽トー」の愛称で親しまれている草大会最高峰の大会です。夏になれば必ず出場する大会ですが、40年以上のテニス歴の中でも軽トーほど勝つのが難しい大会はありません。

一つ目の理由は、浅間山の火山灰の影響が出ているサーフェスです。好天が続くと、ハードコートよりも固くなります。一方、水はけが良いので多少の雨でもプレーできるため、雨天時のコートは類を見ない遅いクレーコートになります。その年の天候によって、これほどサーフェスの状態が変わる大会は他にありません。

二つ目の理由は、気圧の関係でボールの飛びが普段と違うことです。

この大会に限らず、あなたも高地で試合をすることがあるでしょう。「平地よりも飛ぶ」と思うあまり、振り切らないでボールを入れにいったりすると、気圧の影響でコントロールできないほど飛んでしまいます。そこで、私は平地以上にフットワークを使って、自分がしっかり打てるポイントでボールを打つことを心がけています。振り切って打ったボールは、コントロール可能な飛びをするのです。これが高地テニスのコツです。

勝てるヒント 020

即効調整法で乱れたフォームを整える

久しぶりにテニスをするときや逆に試合が続いているときに、フォームというのはよく乱れます。

このようなときに私は独自の調整法を行ないます。

まずは、「ゆっくり大きな」フォームでボールを遠くに飛ばす練習をします。速く振るのではなく、下半身から体全体を使った打ち方をチェックするためです。試合では「アウトしたくない」という本能から、小手先でボールを入れようとしたり、逆に力任せに打ってしまいがちです。そんな乱れたフォームを修正して次の試合に臨むのです。

もう一つは、自分なりに違いを意識して2球を打ち分ける練習です。例えば、「クロス方向とストレート方向に打ち分けるために打点を変える」とか「ボールの飛距離を打ち分けるためにテイクバックの大きさを変えて打つ」といった練習です。これは試合前に行なっています。同じ打ち方では、ボールは同じようにしか飛びません。違った打ち方をすることで、自分のフォームの乱れに気付いて調整が可能になります。

少し調子が悪いなと思ったら、この調整法を試してみてください。わずかな時間でフォームを整えることができます。

勝てるヒント 021

伝説のバンド、クイーンに学ぶリズム変化

私はクイーンの曲をよく聴きます。

なかでも『ボヘミアン・ラプソディ』が大好きです。40年以上も前に作られた曲なのに、今聴いても古くさくありません。イントロを耳にすると、ワクワクします。

この曲が古くさく感じないのは、1曲の中にいろいろなリズム（曲調）があるからではないでしょうか。アカペラから始まり、バラード調に移ります。と思いきや、いきなりオペラに変わった途端にロック調になるといった「リズム変化」が、今でも飽きさせない要素だと思っています。

テニスでも、相手ペースで試合が進んでいるときは「流れを変えたい」と誰もが思います。その時のキーワードが「リズム変化」です。リズムを変えるには、1ゲームすべてロブを上げるくらい、はっきりさせるのが良いでしょう。また、2球セットで極端に打ち分けることも必要です。左へ打ったら右へ、速く打ったら遅くという具合です。

いずれにしても、現状のままでは何も変わりません。思い切った変化を考えてみましょう。一歩踏み出す勇気が、リズムを変えて新しい展開を生むからです。

それこそ『ボヘミアン・ラプソディ』のように。

勝てるヒント 022

自分に合ったマテリアルを選ぶ

試合に勝つためには、自分に合ったマテリアル（＝道具）を選ぶことが大切です。

学生時代、私はミッドサイズのラケットに60ポンドで張り、ガンガン打つテニスをしていました。しかし、パワーだけで相手を押すのには限界がありました。すっかり勝てなくなったのです。

そこで、大学4年の時にアルミニウム材質のラージサイズのラケットを選ぶ決断をしました。自分の力だけで勝負するのではなく、相手ボールの勢いも利用したかったからです。それでも、当時は60ポンドで張っていました。

しかし、年齢とともに自分の筋力が落ちるのを感じてからは徐々にテンションを下げました。今は、冬場は20ポンド、夏場は23ポンドでプレーしています。プレースタイルも、ベースラインからガンガン打つよりも、ネットを取って相手ボールの勢いを利用して角度をつけるようになりました。

人それぞれ、「テニスへのこだわり」、「筋力」、「目指している場所」があると思います。いかに冷静に自分を見つめて、それに適した道具を選べるか。そういった眼《め》を養うことも、勝つためには必要な要素だと思います。

勝てるヒント 023

テニスエルボー予防はラケット選びが第一歩

いま使っているラケットは、本当にあなたに合っていますか。

自分に合わないラケットはテニスエルボーを起こす原因にもなるので、ラケット選びは非常に大切です。

最初に注意したいのはグリップサイズ。一般的にストロークプレーヤーは太め、ボレーヤーは細めと言われています。あえて細めのグリップを選んで、あとからグリップテープを巻く方も多いですね。ここでは、一つの目安として自分に合ったグリップの太さの選び方を紹介しましょう。

左のイラストをご覧ください。薬指の先端と中指の間から指の付け根を通って、手のひらの中央までの長さとグリップの外周の長さが同じものが、その人に合ったグリップだと言われています。1インチを2.54cmとして、例えば10.6cmならば昔で言う4と¼、プリンスのラケットで言うならばサイズ「2」を選べば良いわけです。

ラケットのフレームにも注意しましょう。デザインやブランド、使っているプロで選びがちですが、材質や重さ、バランスを優先させます。自分の体力や筋力に合ったものでないと、ヒジを痛めてしまうからです。一般的に筋力のある人は硬め、ない人は軟らかめの材質が良いとされています。

また、近年は技術の進歩からフレームの軽量化が進んでいます。軽いラケットのほうがヒジへの重さの負担は減りますが、インパクトの振動の影響は受けやすくなります。軽めのラケットを選ぶときは、トップヘビーのバランスのフレームを選び、振動止めをガットに付けると良いでしょう。

最後はガットのテンション。ラケット面の大きさや筋力によって個人差はあるものの、一般的に筋力があってストロークタイプの人は硬めのテンションが良いと思います。一方、腕力より握力があってボレータイプの人は軟らかめのテンションを選ぶと良いでしょう。

自分に最適なグリップを知る

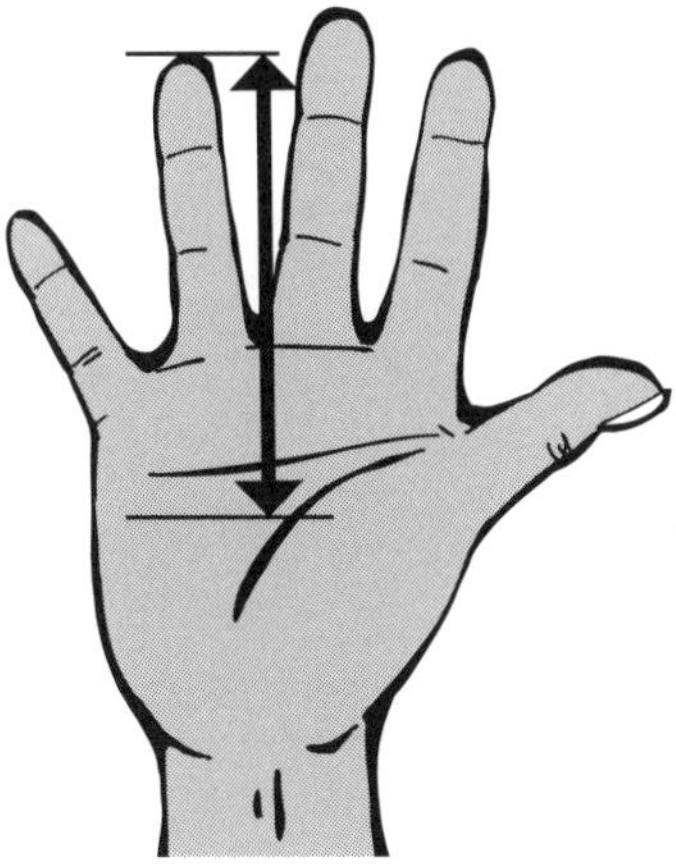

自分に最適なグリップサイズは簡単にわかる。まず薬指の先端と中指の間から指の付け根を通って手のひらの中央までの長さを測る。その長さをインチに換算したものが目安になる

勝てるヒント 024

シューズが勝敗を左右する

あなたは、シューズ選びにそれほど時間をかけていないのではないでしょうか。

ところが、私はラケットと同じようにシューズも勝敗に大きな影響を与えると考えています。なぜなら、フットワークが良くなければ最適な打点に行けないし、相手ボールに素早く反応できないからです。

シューズ選びで一番に考えたいのは、「アウトソール（靴底）」です。やはりプレーするサーフェスに合わせたアウトソールのシューズがベストだと言えます。

次に気を使っているのは「インソール（中敷）」。インソールには、地面を踏んだときの衝撃を吸収してくれるものや、フィット感を得られるものまであります。もしもアウトソールで選んでインソールがしっくりこないなら、自分に合うインソールを別途購入し取り換えています。

三つ目は、ケガ防止のために履き口の高さを気にしています。滑りやすいクレーやオムニは問題ないのですが、足が急に止まりやすいハードやカーペットでは、いくらか履き口の高いカットのシューズを履いています。あくまで足首の捻挫《ねんざ》の防止のためです。

あなたも、シューズには気を使ってください。プレーが変わってきますよ。

勝てるヒント 025

「開き直り」が上手いリターンのコツ

当然のことですが、相手のサービスゲームをブレークするにはリターンが鍵を握っています。私はリターンをするときに次の二つのことを意識しています。

【1】できるだけ早く相手サーブをコピーする。

相手サーブのリズムやクセ、ボールのスピードやバウンドしてからの弾み方を観察して、頭の中でイメージします。そのために、ウォーミングアップから試合の序盤を使って、早くコピー（記憶）できるように心がけています。

【2】四つのケースをイメージしてから構えに入る。

これは、相手サーブが自分のヒッティングポイントに入ったときと入らなかったときに分けてコースを決めておくということです。

例えば、フォア側のヒッティングポイントのときはストレートの強打。入らなかったときはストレートロブ。バック側のヒッティングポイントのときは同じくストレートの強打。入らなかったときはクロスにつなげる、という具合です。

このくらい割り切らないと相手サーブをブレークすることはできません。

そう、リターンは良い意味での開き直りが大切なのです。

勝てるヒント 026

目線を使ってネットの高さを意識する

私には、プレーする前に必ず行うクセ（習慣）があります。

試合の時はもちろん、練習でも最初にベースラインに立ってネットをイメージするクセです（よく借りる市営コートでは、ネットの高さが日によって若干異なるのです）。

具体的には、ネットの白帯の左端から右端に向けて目線を送り、次に右端から左端にかけて目線を送ります。これを2往復させて、ネットの高さをはっきりイメージするのです。これによって、感覚的に当日のネットの高さを体に伝えています。

実際にネットという障害物を、どのように意識するかで勝ち負けは変わってきます。ポールの部分では高さが１０７cm、センターベルトで91・４cmと、実に16cmも高さが違っているのです。

この高低差を利用してプレーしてください。例えば、フラット系の速いボールを打つときはネットの低い中央部分を通過させたほうがミスは減ります。ストロークやサーブはもちろんですが、スマッシュなどもセンターベルトの上を狙って打つとグッと成功率は高くなります。

ネットの高低差を意識するだけで、無駄なミスを減らせることを知ってください。

目線の使い方

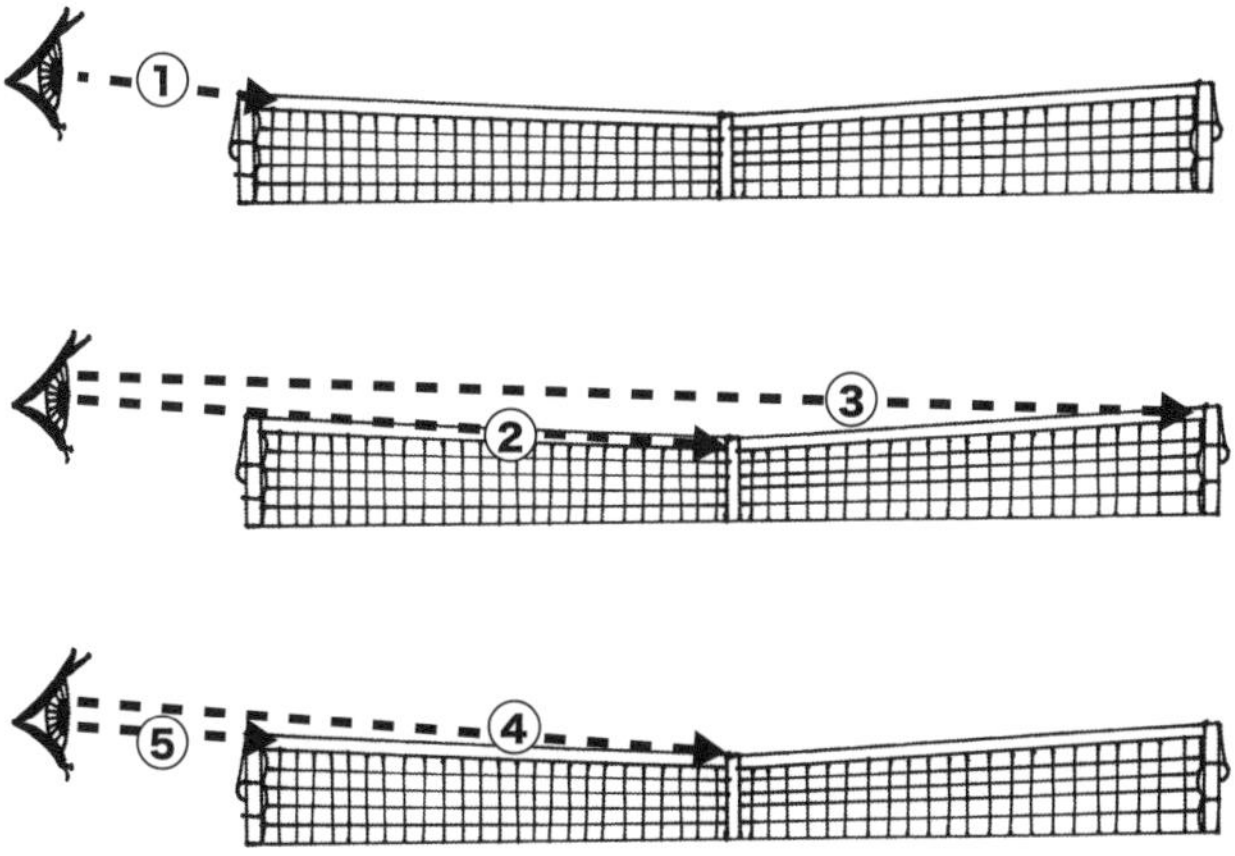

ネット上部の白帯の左端（①）から右端に目線を送る（②→③）。右端に来たら折り返して左端に目線を向ける（④→⑤）。この動きを２往復させればネットの高さをはっきりイメージできる

第3章

必ず上位に勝ち残れる

すぐに使える超実戦テクニック

勝てるヒント 027 パートナーを敵にして練習する

皆さんの多くは、固定のパートナーと試合に出ていると思います。しかし、草トーやテニスクラブでは初めての人と組んでエントリーすることもあるでしょう。

長年組んでいるペアならば、次にパートナーがどのように動くかわかるはずです。しかし、急造ペアではお互いの動きやクセを理解しきれていないことがあります。いずれにしても、パートナーとのコンビネーション（＝チームワーク）はとても大切ですね。

そのコンビネーションを高めるために、常に自分のパートナーとペアを組んで練習しているのをよく見かけます。決して悪いことではないのですが、たまにはパートナーを敵にして戦ってみることをおすすめします。

パートナーと対戦することで、組んでいるときに気が付かなかったパートナーの良さや弱点が見えてきます。急造ペアには即効性があるし、長年組んでいるペアには新しい発見があります。見方を少し変えただけで、見え方が驚くほど変わることがわかります。

さらに、急造ペアにはサインプレーをおすすめします。お互いにパートナーがどのように動くかを決めてプレーしたほうが、コンビネーションはつくりやすいからです。

勝てるヒント 028 パートナーと1ポイントごとに会話する

私は、今まで300名以上の方と組んで試合に出ました。

その中には、次に打つコースを私に伝えてからプレーする人が何人もいました。パートナーのサービスゲームでは、サーブのコースや球種を聞いておくと、次の準備がしやすくなるからです。また、二人で同じ目的意識を持ってプレーできるようになります。これは、とても大切なことだと思っています。

また、レシーブゲームでも事前にリターンのコースを伝えてからプレーする人もいました。同じ目的意識を持つことはサービスゲームと同じですが、こちらにはもう一つメリットがあります。それは、パートナーに事前にプレーを伝えることで打つときに迷わないようにしたいからです。瞬時の判断が必要とされるリターンでは、これもミスをなくす大切な方法なのです。

今では草トーでも1ポイントごとに会話を交わしてからプレーするペアが増えています。パートナーに打つコースを伝えてからプレーすることは、急造ペアはもちろん、ベテランペアでも参考にできるポイントだと思います。

あなたはどうでしょうか。しっかり会話をしていますか。

勝てるヒント 029 サインプレーを決めるコツ

最近は、草トーでもサインプレーを使ってくるペアが増えています。

その中で、よく見られるのが「サーバー側の前衛はポーチに出る。サーバーはサーブを打ってポーチに出た味方の前衛と逆方向（すなわち最初に前衛が構えていた方向）にサービスダッシュをする」という作戦です。

相手のクロスリターンを予測して二人で仕掛ける作戦は、大事なポイントで効果を発揮します。トーナメントでいきなり行うのは難しいので、練習の時から二人で試しておきましょう。

このポーチ作戦のコツは、「前衛の動き出すタイミング」です。前衛は、普段のポーチよりも早く動き出すようにしましょう。仮に相手レシーバーにストレートを打たれても、そこにはサーバーがいます。それ以上にクロスを抜かれるのはNG。作戦失敗だからです。

この「早いタイミングで動く」ことには、もう一つ大きな効果があります。相手のレシーバーの立場で考えてみてください。自分がリターンを打とうとしているときに、自分の正面に構える前衛に動かれるとイヤなもの。リターンミスしやすいはずです。

相手のリターンをミスさせるのも、サインプレーの効果なのです。

勝てるヒント 030

サインプレーの見破り方

相手のサインプレーに、まんまと引っかかってしまい、ポーチされた悔しさは大きいものです。

私自身、何度もサインプレーで失点した経験があります。その中で、自分なりの見破り方を見つけました。

サインプレーをしてくる相手ペアの場合、動く前衛を見てはいけません。サーブを打った相手サーバーの動きを見るのです。前衛と逆の方向に動くことが決められている相手サーバーの方向にリターンを打っておけば、相手前衛のポーチを避けることができる、というわけです。

相手サーバーの動きを見るのはなかなか難しいかもしれません。ただ少しずつでも視野を広くする練習は、チャレンジして損はないと思います。

「いきなりはできない」という方には、相手前衛が動いたときにクロスにロブを上げることから始めてください。クロスコートの深いところにオープンスペースができているので、相手前衛のポーチを防ぐことができます。また、相手ペアの陣形を崩すことにもつながります。

勝てるヒント 031 オムニコートの戦い方

いま草トーの多くはオムニコートで開催されています。

雨にも強いし、メンテナンスに手間がかからないのが、オムニコートの多い理由でしょう。このコートについては、伊達公子選手がツアーに復帰して間もないころに、こんなことを言っていました。

「日本ほどオムニコートの多い国はありません。ただ世界の試合でのメインは、ハードコートです。日本選手にとって、これはかなりハンデになります」。

利便性を追うあまり、オムニコートに頼る日本テニス界に疑問はありますが、一般テニスプレーヤーにとってはオムニコート攻略法が必須となっているのは事実です。

オムニコートの特徴は「バウンドしたボールが滑ること」と、「砂のバラツキがあること」です。

私が、オムニコートの試合で注意しているポイントは三つです。

【1】砂の量やバラツキを見る。

砂の量によって、足の滑り具合が変わってきます。したがって、相手コートの砂の多いところにボールを集めるようにしています。

【2】人工芝部分の消耗具合を見る。

コートが比較的新しく芝目が立っていれば、ボールの球足は遅くなります。かなり使われて芝目が寝ていれば、ボールはバウンドしてから滑ります。この特性を活かしてプレーを組み立てています。

【3】ボールの消耗具合を見る。

他のサーフェスでプレーする以上に、ボールの消耗具合を見るようにしています。その消耗具合でプレーが変わるからです。例えば、弾みの良いうちは早い展開のプレーをします。逆に、弾みが悪くなってきたら、ドロップショットなどのタッチショットを多用するようにしています。

オムニコートでは1本のエースを狙うのではなく、相手の動きの逆を突くような配球を考えながら、滑るボールを常に頭に入れてプレーすることが大切です。

アプローチショットはスライス系のボールを多用します。一方、低く滑ってくる相手ボールへの対応には注意を払います。まず相手のスイングを見てスライスボールかどうか判断してください。次に、もしスライスボールならば、スタンスを広く取って重心を低く構えたテイクバックを心がけて、しっかり振り切って打つようにしましょう。

勝てるヒント 032 ハードコートの戦い方

グランドスラム大会は、それぞれコートサーフェスが違っています。

全仏はアンツーカ、ウインブルドンは芝、そして全豪と全米はハードコートですが球足が異なります。各大会には、ほぼ同じ顔ぶれの選手が出場しているにもかかわらず、プレー展開や勝ち上がってくる選手が変わります。それほど、サーフェスがプレーに与える影響は大きいと言えるでしょう。

私たち一般プレーヤーも各コートサーフェスの戦い方を知っていて損はありません。オムニ以外のサーフェスでも戦う機会はあるのですから。

まずは、ハードコートから。

このコートの特徴は、「バウンドしたボールの球足が速いこと」と「ボールが弾むこと」です。

私がハードコートの試合で注意しているポイントは三つです。


【1】相手ボールの勢いに押されないようにする。

相手ボールの球足が速い分、小さく早く引いたテイクバックから大きく振らずにコンパクトに打つようにしています。

【2】ライジング気味で打つようにする。

クレーコートのように、ボールがバウンドして軌道が頂点を越してから打っていては、ベースラインの後方で打たされてしまいます。ベースラインからあまり下がらず、ライジング気味に打つことで、リズムの早い展開に持ち込むようにしています。

【3】軸足はヒザを曲げてタメを作る。

ハードコートは他のサーフェスに比べて滑りにくいので、地面を足の裏でギュッと押しながら打てます。つまり、地面を蹴ることで力をもらえるのです。だから軸足を決めるときに、ヒザを曲げてタメをつくってから打つようにします。

さらに、私はハードコートの試合では「ボールの緩急」と「ボールの高低」を意識して作戦を企てています。

一つ紹介するならば、サーブもストロークも相手のバック側にスピンを打つようにしています（スピンが打てなければ深めの中ロブでもOK）。相手にバックのハイボールを打たせたいからです。

もし相手が下がってくれたらラッキーですし、相手が目線をボールに移したらポーチに出るといった作戦でポイントを取るようにしています。

勝てるヒント 033 クレーコートの戦い方

最近ではクレーコートの大会が減ってきています。雨に弱かったり、維持費と手間がかかるといった問題があるようです。

とはいえ、名門テニスクラブの大会や全国各地のリゾート地では、いまなお多く行われています。また、クレーコートはゲームの組み立てを楽しめる貴重な場でもあります。

そんなクレーコートでの戦い方を紹介しましょう。

クレーコートの特徴は、「バウンドしたボールの球足が遅いこと」と「イレギュラーがあること」です。

私がクレーコートの試合で注意しているポイントは三つです。

【1】ボールを引き付けて打つ。

ボールの球足が遅いので、打ち急がずにボールを引き付けて打つようにしています。また、いつもより1球多く相手から返ってくると思って、最後まで諦めないで拾うように心がけています。

【2】重心を低くする。

バウンドが低くなりやすいので、スタンスを広げて重心を低くして打つようにしています。

【3】イレギュラーに対応する。

イレギュラーに対応できるように、脱力したテイクバックと小刻みなフットワークを心がけています。

クレーコートでは、ドロップショットや短いボレーを多用して相手を「前後に揺さぶる」ことが大事です。そして、エースを狙うよりもコースを突いて「リズムの遅い展開」で戦うのがコツだと思います。

また、イレギュラーもあるのでサーブはエースを狙うよりはファーストサーブを入れることを重視し、レシーブはロブを多用します。ラリーではライジングを避けて、ボールが軌道の頂点を越してからスピンをかけて打ちましょう。

チャンスボールが来たら、高い打点からフラット系のショットを打ち、トドメは地面にバウンドさせずボレーで決めるような攻撃パターンをイメージしながら戦いましょう。自分のスピードで押し切れなければ、相手を走らせる配球を考えるのもクレーコートならではの戦い方です。

勝てるヒント 034

ノーアドで勝つための考え方

あなたは、試合中にどんなプレーをしようと考えていますか。

私はいつも「ポイントの流れ」と、「ゲームの流れ」を意識してプレーしています。例えば、40－40になったら次の1本でゲームを取れる「ノーアドバンテージ」のゲーム。この方式で試合を行う際、40－40になってから慌てているようでは勝てません。どのような展開で、40－40になったのかを注意しましょう。

私は、相手がポイントを取って40－40になったら「次のポイントは動く」。こちらが取って40－40になったら「そのプレーを続ける」ようにしています。

例えば、こちらのサービスゲームで40－30から40－40と追いつかれたとしましょう。次のポイントは、迷いなくポーチに出ます。たとえ40－30の時にポーチに出て失点したとしても、出ることにしています。弱気になりたくないからであり、相手の流れでズルズル試合を続けないために必要です。

逆に30－40から40－40に追いついたときはどうするか。

次のポイントはファーストサーブに集中して、前のポイントと同じプレーで相手ペアを押すことが大切です。良い流れを変えたくないからです。

40－40になって、じゃんけんでレシーブサイドを決めているペアをたまに見かけます。こんなペアとの対戦は、「ラッキー！」と思ってください。じゃんけんしているタイプは、お互いのプレーに迷いがあるか、ポイントの流れをあまり考えずに1ポイントごとに区切ってプレーしているケースが多いからです。

逆に40－40となった瞬間にレシーブサイドを決めているペアは、かなり手強いペアと思って間違いありません。

なぜならダブルスの強豪たちは、1ポイント前から40－40を想定しているからです。このように40－30あるいは30－40のときに、次の2ポイントをセットで考えておけば、40－40になってもプレーに迷いがなくなります。

勝てるヒント 035 風下サイドからの戦い方

試合は、風や太陽、雨などに大きく左右されます。そのために、こういった自然条件の対策を考えておくことも、勝利には欠かせません。いかに味方にするかが鍵で、私が心がけていることをまとめてみました。

誰でも強風や雨が降る中での試合はしたくないものです。しかし、大会本部が中止や待機を決めなければイヤでも続けることになります。このようなときに、まず大切なのは気持ち。その日の天候をぼやいても始まりません。気持ちが凹まないように考え方を切り替えましょう。具体的には、「相手も同じ条件なんだ」とか、「絶対に相手のほうがこの状況を嫌がっているはずだ」と思うのです。

自然条件の中で、最初に取り上げるのは「風」です。まずは風下サイドのときに、私が何を考えているかをお伝えしましょう。

風の勢いに乗って飛んで来るボールには、振り遅れないように心がけます。そのために、コンパクトなスイングで、打点を前（ネット寄り）にして打ちます。勢いに負けまいと思うあまり、大振りしてはいけません。私は、体重移動を意識してコンパクトに打つようにしています。また、ボールを飛ばすためにフラット系で振り切るようにしています。

これらの打ち方を踏まえ、風下からいくつか作戦を仕掛けていきます。四つほど紹介します。効果抜群ですよ。

【1】浅く短いショットやスライスで弾まないボールを打つ。

相手のミスを誘うために、低い打点で相手に打たせるようにします。また、浅く短いボールは風上サイドのプレーヤーにはイヤなものです。

【2】深いクロスのストロークラリーからドロップショットを打つ。

風を利用して相手を前後に走らせます。

【3】前衛アタックでボレーをアウトさせる。

風上にいる相手前衛は、ボールを当てただけではコントロールできません。ボレーが大きくアウトする可能性があります。

【4】風上プレーヤーより早くネットに詰める。

風下で、なおかつ相手にネットを取られると、ベースラインに釘付けにされてしまいます。そうならないために、場合によってはリターンダッシュなども混ぜて、早めにネットに詰めましょう。

勝てるヒント 036 風上サイドからの戦い方

なんと言っても、風上サイドは有利です。風の勢いを使って、相手を押し込んで戦いやすいからです。

ミスをせず確実に試合を進めたいときは、回転をかけたスピンやスライスのボールを風に乗せて打ちましょう。一方、勝負の時は小刻みなフットワークで打点を調整してからフラットで攻めていきます。

風上だからといって、相手コートにボールを入れにいかないようにしましょう。振り切らないと手打ちになりやすく、ボールは風に乗ってバックアウトしがちです。フラット系でも回転系でも、足を止めずに打点に注意して、しっかりスイングして打ちましょう。

私が風上から仕掛ける作戦を五つ紹介します。

【1】より優位な状況にするためにネットを取る。

相手をベースラインに釘付けにするために、ボレーで攻める展開を心がけています。

【2】相手にロブを上げさせる。

ベースラインに釘付けにした相手にロブを上げさせましょう。ロブは風に押し流されて、深いロブが来る確率は低くなります。当然、スマッシュは打ちやすくなります。スマッシュで決めるパターンに持ち込むようにするのです。

【3】相手コートのイメージを小さくする。

ライン際ギリギリよりも全体的に相手コートをひと回り小さくイメージします。風の影響を考えて、いつもより小さめのコートをイメージしてプレーしています。

【4－1】相手のボディを狙う。

相手がネットを取ってきたときは足元にボールを沈めるよりはボディを狙います。風に乗って相手ボレーの振り遅れを狙う作戦もあります。

【4－2】低めのスライスロブを上げる。

相手がネットを取ってきたときのもう一つの作戦。高いロブではオーバーしやすいので、低めのスライスロブを使うようにしています。

【5】いつもよりトスを前にする。

確実に攻めたいときは回転系のサーブを最初から打ちますが、勝負の時には風上からもフラットで打ちます。風がなければ白帯に当たるくらいに打点を前にして打ちましょう。そのために、いつもよりトスを前にして上げます。

勝てるヒント 037 横風が吹いたときの戦い方

風上や風下のケースよりも横風が吹いたときのほうが、私は神経を使ってプレーしています。ボレーではボールが揺れて飛んで来るし、ストロークではボールがバウンドしてから風に流されることがあるからです。

私は長年の経験から、「小刻みなフットワークを心がけて足を止める位置を早く決めないこと」と「風向きを常に頭に入れること」に気を付けています。

この環境で、私が仕掛ける作戦を四つ紹介しましょう。

【1】風上側には深いボールを、風下側には浅く短いボールを打つ。

ベースライン付近に落ちる深いボールは、風の影響を受けやすいものです。しかし、ボールを風とケンカさせるように打てば（＝横風にボールをぶつけるようなイメージ）アウトしません。

一方、風下側へは風の影響を受けにくい浅く短いボールを打つようにしています。ワンバウンドさせてから風に乗せられれば、相手から逃げていくボールになるからです。

【2】風向きに注意しながらロブを使う。

風向きに注意して丁寧にロブを上げます。左右に動くボールをスマッシュするのは容易ではありません。相手がたとえハイボレーを選んだとしても、揺れているボールをハイボレーするのはかなりの高等技術が必要です。

【3】スライスサーブを上手く使う。

横への変化が大きいスライスサーブに、さらに横風の力を加えるようにしています。風に乗せて相手から逃げていくボールや、逆に風にぶつけるようにして相手のボディに近づくボールを打ち分けています。

【4】コート外から横風を利用してインになるボールを打つ。

できる自信があればの話ですが、1球でいいので横風を活かしてコートの外から相手コートに入るボールを打ってみましょう。相手に与える精神的ダメージは、かなり大きいものです。

勝てるヒント 038 太陽がまぶしいときの戦い方

風と同様に太陽も避けては通れない自然条件です。まぶしいサイドにいる場合は、サングラスやサンバイザーを使っているプレーヤーを多く見かけます。

また、サーブのときには、トスの位置を変えたり、立ち位置を変えたり、さらには体の向きを変えるなどして、トスアップしたボールと太陽が重ならないようにするのが一般的です。

これらの他に、私が心がけている点をお話ししましょう。

【1】ファーストサーブから回転系を多用する。

トスの位置を変えるために、フラット系の強打はしにくくなります。ならば、スライスやスピンといった回転系のサーブを多用して、コントロール重視のファーストサーブを打つようにしましょう。まぶしいサイドからのセカンドサーブは、より大きなプレッシャーがかかるので、ファーストサーブの確率を上げるように注意しています。

【2】サービスダッシュを止めて、アプローチからネットを取るプレーも混ぜる。

目がまぶしいうちにファーストボレーを打たなければならないような状態では、あまりサービスダッシュにこだわるべきではありません。こだわり過ぎると失点しやすいものです。相手からのリターンをアプローチショットにして、ネットに詰めるプレーも取り入れるべきでしょう。

【3】相手がまぶしいサイドにいるときはロブを多用する。

厳しいボールで攻め込まれたときなどは、一発逆転のショットで冒険するよりもロブを使うようにしています。スマッシュされるかもしれませんが、相手がまぶしいサイドにいれば、スマッシュをミスするかもしれません。そうすれば、不利な状況から抜け出せる可能性が出てきます。

【4】相手コート内にある影を使う。

「日陰から日なた」あるいは逆のケースでも、光の加減が変わるボールは打ちにくいものです。相手コートに影がある場合、私はできるだけ日陰と日なたの境を横切るようなボールを多用します。

【5】相手の観察力を観察する。

トスの位置やサーブの立ち位置を変えたときに、リターンのポジションを変えたり球種を予測しているタイプの相手かどうかを見るようにしています。対応力のある相手ならば、心して戦わなければならなくなるからです。

勝てるヒント 039 雨の中での戦い方

草トーは多少の雨では中止になりません。

オムニやクレーでは、水たまりができるまで試合続行となるケースが多いものです。メガネには水滴が付いてやりにくいし、ボールはマリモ（！）みたいにフェルトが毛羽立ちます。結果、重くなって飛ばなくなります。

しかし、大会本部が中断の指示を出すまでは戦わなければなりません。今まで幾度となく雨の中での試合を経験してきた私は、次の五つの点に注意しています。

【1】ボールが飛ばなくなるので遠くに飛ばす。

重心を低くしてテイクバックでラケットヘッドをいつもより低い位置にセットしています。そして、下から上へのスイングを意識して、ボールを遠くへ飛ばすように心がけます。少しオーバー気味に振り切るのです。逆に、浅く短いファーストボレー（ドロップショット気味）も有効になってきます。

私の友人は、ボールがマリモ状態になったら、ラケットヘッドに10グラムのオモリを貼ると言います。重くなったボールに対して、先が重くなったラケットの遠心力で飛ばすのです。

【2】1本のショットでは決まらないことを前提で組み立てる。

サーブの威力ではなかなか決まらないので、ファーストボレーとのセットで考えるようにしています。また、1本のパッシングショットでは決まりにくいので、プレーをシンプルにして相手コートのセンターにボールを集めるようにしています。

【3】雁行陣同士の戦いではポーチを多用する。

雁行陣同士の戦いになると、後衛のストロークだけでは決まりにくくなります。そこで、パートナーの前衛との連携でポーチを多用するようにしています。

【4】グリップの濡れに注意する。

雨でグリップが濡れると、手が滑りやすくなります。そこで、まだ濡れていないラケットに替えたり、グリップテープをまめに代えるようにしています。

【5】メガネをかけている相手にはロブを上げる。

メガネに雨滴が付くとどうにもプレーしづらくなります。私自身もメガネをかけているので、そのつらさがわかります。このつらさを相手にも味わってもらうために、ロブを多用しています。顔を上に向けたときに、雨滴がメガネに付いて空中のボールを見失うでしょう。

勝てるヒント 040

ミックスダブルスの勝ち方①

「ミックスダブルスは難しい」という言葉をよく聞きます。

確かに男女4人のレベルが近い場合であっても、ボールの配球やゲームの組み立てに頭を使います。ましてや実力差のあるパートナーと組み、相手も実力差のあるペアという場合は、攻撃パターンは倍以上に増えます。

とはいえ、この種目は自分の実力を高めるいい機会でもあります。普段の女子ダブルスより威力のあるボールを受けなければならない女性にとって、技術アップの場として使えるはずです。男性にとってはゲームの組み立てを学ぶ場として使えます。

さて、相手サービスゲームをブレークしないと勝てないのがテニス。ミックスダブルスではどうすればいいか。私が考えている「相手サービスゲームにおける戦い方のコツ」を説明しましょう。

まずは、相手男性がサーバーのときです。二つのことを考えています。

【1】パートナーの女性にストレートロブのアドバイス。

女性レシーバーは、女子ダブルスよりも速く回転のかかったサーブをリターンする機会が多くなります。どうしても安全にクロスへつなぎたくなるものですが、ファーストボレーをする相手男性にとってはチャンスボールになりがちです。
ですから、パートナーの女性には「十分にハードヒットできるボール以外はクロスへリターンを打たないように」とアドバイスしています。つなげるのが精一杯のようなときは、自分の正面で前衛として構えている相手女性にストレートリターンを打つのです。具体的には、相手女性の頭上に1本ロブを上げて逃げましょう。たとえスマッシュされても、相手男性にファーストボレーを打たせるよりはポイントを取れる確率が高いはずです。

【2】相手男性のサーブ&ボレーのリズムを崩す。

相手が試合をリードしているとき、多くは男性のサーブとファーストボレーのリズムが良いケースです。
そこで、相手男性のリズムを崩すようなリターンを混ぜます。例えば、ストレートロブ。サイドチェンジさせながら、彼にボレーをさせることができればリズムは狂います。「パートナーの女性をカバーしなければいけない」と思っている彼を動かしながらプレーさせるのがポイントです。また、足元でファーストボレーさせたり、わざと遅いボールを打ってみる。あるいはストレートロブを意識している彼には、思い切りショートクロスへリターンする。こういった作戦が有効です。

勝てるヒント 041 ミックスダブルスの勝ち方②

次に、相手女性がサーバーのときを考えてみましょう。

ミックスダブルスでは、「女性のサービスゲームをいかにキープするか」と「いかにブレークするか」が勝敗を左右すると言っても過言ではありません。

【1】パートナーの女性にクロスロブかストレートアタックのアドバイス。

相手サーバーが女性でも、男性のときと同じアドバイスが生きてきます。

というのも、相手前衛が男性ならば、中途半端なショットではリターンをポーチされてしまう可能性が高いからです。クロスにつなげるならば、ポーチの届かない深いロブにしましょう。

また、相手前衛の男性がポーチを意識しているのがわかったならば、パートナーの女性に何の迷いもなくストレートアタックをすすめるべきです。1本打っておくだけで、その後はポーチになかなか出にくくなるものです。

【2】ドロップショットのリターンを混ぜる。

相手女性は、サーブを打った後にベースラインでストロークの準備をしています。中途半端なつなぎのリターンでは攻められてしまうでしょう。

そこで、クロスに深く打つならば、しっかりと振り切ったリターンを打ちましょう。そして、効果的なのがドロップショットです。前に動かされてバランスを崩して打つ相手女性のボールは、チャンスボールが返ってくる確率が高くなるからです。

勝てるヒント 042 ミックスダブルスの勝ち方③

三つめは、自分たちのサービスゲームについて。どうすればキープできるか、サーバーを男性と女性に分けて解説しましょう。

まずは、男性がサーバーのときです。注意すべきポイントは三つあります。

【1】相手女性がレシーブのときは回転系のサーブを打つ。

速いサーブを打つ女性プレーヤーは多く、その分、速いサーブに慣れている女性も増えました。相手の女性レシーバーも、その一人と考えたほうが賢明です。

しかし、スピードには慣れていてもワイドに逃げていくスライスやセンターで弾むスピンサーブをリターンする機会は少ないものです。

そこで、相手の女性レシーバーにはスピードに頼った力任せのサーブよりも、リターンのポジションを動かすような回転をかけたサーブを選ぶと良いでしょう。

【2】味方の女性がボレーするときは相手女性に打つ。

例えば、相手女性のリターンをパートナーの女性がポーチに出たとしましょう。勢いからいけば、センターから逆クロス方向に打ちたくなるものです。しかし、そこには相手男性がいます。かなり良いポーチでも、返球されてしまう確率は高くなります。

そこで、ボレーのコースは相手男性側ではなく、相手女性側に打ってみましょう。もしできれば、女性の前に落とせればベストです。

このように打たなければいけないコースが限定されることで、女性は技術がアップするはずです。

【3】「縦割りで守る」か「横割りで守る」かを決めておく。

ミックスは男性がカバーするものと思われがちですが、ダブルスコート全体を男性一人で守るのは不可能です。

ですから、二人で役割分担をしておきましょう。

「縦割り」と決めれば、相手が上げるストレートロブリターンは、女性のパートナーに任せてサービスダッシュに専念できます。

「横割り」と決めたならば、ダッシュはネットに詰め過ぎずに相手のストレートロブリターンを頭に入れてプレーします。

勝てるヒント 043 ミックスダブルスの勝ち方④

最後は、パートナーの女性がサーバーになったとき。サービスゲームをキープするために、次の2点に気を付けてください。

【1】男性は相手がリターンに集中できないようにアクションを起こす。

ミックスダブルスでは、一般的に女性のサービスゲームが勝敗を大きく分けます。少しでも女性サーバーが楽にプレーできるようにすることが、男性の仕事です。相手レシーバーがリターンに集中できないように、前衛の男性はプレッシャーをかけましょう。

相手レシーバーのメンタル状態を読んで（強気で攻めようとしているのか、慎重に試合を進めようとしているのか）、ポーチやフェイント、ロブへの対応を考えておきます。相手に「どこへ打っても男性に打たれてしまう」と思わせれば、女性のサービスゲームをキープできる確率は高くなります。

【2】相手男性がレシーブのときはオーストラリアンフォーメーションを使う。

サーバーの女性が右利きでアドコートから相手男性レシーバーにサーブを打つとき、厳しい状況になることがあります。それは、相手男性が厳しいクロスリターンを打ってきたときです。女性サーバーはバックハンドで打たなければなりません。

この状況が予想できるときは、オーストラリアンフォーメーションの陣形で、相手男性のクロスリターンを防ぎましょう。二人の陣形で相手の武器を使わせないようにするのです。センターマーク寄りからサーブを打った女性は、すかさずサイドチェンジしてオープンスペースをカバーします。そうすれば、そこに飛んでくる相手リターンはフォアハンドで対処できるはずです。

勝てるヒント 044 ウォーミングアップの三つの心得

あなたは、試合前のウォーミングアップで自分の調子を確認していると思います。あるいは、むやみにハードヒットして相手にプレッシャーをかけようなんて思っていませんか。それでは試合は勝ち上がれません。

この時間は、ぜひ相手を観察してください。相手ペアのチームワークを見ることはできませんが、技術に絞って相手のクセや弱点を見抜くことは可能です。

たとえボールに威力があっても、ミスを誘うことさえできれば怖くありません。そして、ミスを誘うためには相手の動きやスイングを見てクセや弱点を見抜くことです。

ポイントは三つです。

【1】相手に早めに目を向ける。

自分のプレーを早めに安定させて相手に目を向けることです。これが、素早く相手の弱点を見抜く第一歩です。

【2】相手に気持ちよく打たせる。

相手の弱点を見つけるには、まず相手の得意パターンを知ることです。相手の打ちやすいところにボールを送って好きなように打たせてみましょう。そして、パートナーと情報交換をします。試合が始まったら、「相手の得意パターンを封じるにはどうすればいいか？」をパートナーと話し合いながら対抗策を練るのです。

【3】大まかな相手のクセをつかむ。

アップの時間は長くても5分。短い時間に細かい弱点まで見ようとしなくてOKです。ただ、相手が何に一番時間をかけたか（一般に得意なショットに時間をかける傾向があります）とか、グリップの握り方をまずチェックしてください。また、各ショットについても、大まかなクセをチェックできれば十分です。

勝てるヒント 045 打つ前の相手サーバーからわかること

あなたがレシーバーになったとき、ぜひやってほしいことがあります。それは、相手サーバーの観察です。特に打つ前に何をしているかを確認してください。

一つはサーバーの構える位置。

ベースラインのどこに立つかによって、どこを狙っているのかある程度わかります。センターマークの近くならば、こちらのコートのセンターを狙っているはずです。

一方、サイドライン寄りに立つならワイドを狙っている確率が高いと思っていいでしょう。特に、最初のサービスゲームで1本目に立った位置は覚えておいてください。それが、相手サーバーの標準的な立ち位置と考えられるからです。試合が進むにつれて、その位置をどちらに変えるかで、相手がどこを狙おうとしているかわかるようになります。

もう一つはトスの位置。

サーブの球種を知ることができます。一般的に、頭の後ろにトスを上げる人はスピン系サーブになります。頭の上から前へ上げる人はフラットやスライス系と考えられます。逆に、トスの位置が安定しない人は、サーブの安定性が良くないこともわかります。

勝てるヒント 046

性格はグリップに現れる

レシーバーがサーブを待って構えているとき、レシーバーの握るグリップは三つに分かれます。

フォアが打ちやすいように厚く握る、バック寄りに握る、どちらにも対応できるように薄くコンチネンタルに握る、の三つです。サーバーにとって、事前に相手レシーバーのグリップがわかっていれば、はっきりコースを狙えます。

しかし、ベースラインに立っているサーバーにはそれがよく見えません。そこで、サーバーの前衛が相手レシーバーのグリップを見てサーバーに伝えてほしいのです。私は、前衛になったら必ず相手レシーバーのグリップを、さりげなく気付かれないように見ています。そして、各ポイントが終わったら、サーバーに教えてあげて作戦を練ります。

人によって多少異なりますが、相手のレベルが高い場合は、得意なショットの握りで待つ傾向があるようです。一方、どちらかといえばレベルが低い場合は、苦手なショットのグリップで準備しています。

また、メンタル的に攻撃的な人は得意なほうで待ち、守備的な人は苦手なほうで待っていることが多いと言えます。性格がグリップに現れる、というわけです。

勝てるヒント 047 相手のファーストボレー後の動きを注視する

相手サーバーのファーストボレー後の動きから、いろんな情報を得ることができます。例えば、相手サーバーがロブをケアし過ぎるあまり、ファーストボレーを打った後もその場にとどまっているタイプは怖くありません。ストレートロブやセンターへのリターン、あるいは角度の付いたショートクロスのリターンを打ち分けて崩せるからです。

しかし、ファーストボレーの勢いに乗ってネットに詰めたり、かと思えばその場にとどまるなど変化をつけてくるタイプは要注意です。

というのも、そういう相手はかなり冷静にプレーできているからです。不用意にクロスにショットを打ってしまうと、セカンドボレーで簡単に決められてしまうでしょう。

そこで、序盤戦のうちに相手サーバーが動きの変化をつけてくるタイプかどうかを見ておくことが大切です。

この役割を果たすのはレシーバーではありません。レシーバーのパートナーである前衛です。サービスライン付近に構える前衛の位置なら、相手サーバーのファーストボレー後の動きが手に取るようにわかります。

この点がわかるだけでも、終盤でのリターンのショット選択が大いに変わってきます。

勝てるヒント048

縦割りペアか横割りペアか？

「相手ペアが、自陣コートの守備についてどのように考えているのか」。この点を知っておくと、こちら側は作戦を立てやすくなります。

守備範囲については、二通りの考え方があります。

一つは、こちら側が上げるストレートロブを相手前衛が返球する「縦割りペア」。もう一つは、同じ状況で二人がサイドチェンジして相手後衛が返球する「横割りペア」です。

相手ペアがどちらのタイプかを、早めに知っておきましょう。

「縦割りペア」は、二人が縦に動くことを中心に考えています。だからロブはあまり効きませんが、ポーチはそれほど多くないのが特徴です。

「横割りペア」は、二人が横に動くことを中心に考えています。だから、ポーチなどの仕掛けは多いのですが、ロブに対してはもろい部分もあります。

これを知ったうえで、私はゲーム終盤に使うショットを変えるようにしています。

勝てるヒント 049 司令塔はどっちだ?

試合に勝つには、決断力に優れて経験豊富な司令塔が必要です。二人のレベル差がそれほどないペアでも、どちらかが司令塔であり、イニシアチブを取っていることが多いものです。

そこで、試合では早めに相手のどちらが司令塔なのかを探りましょう。なぜなら、司令塔さえ叩けば、そのペアは崩壊するからです。

私は、一気に勝負を決めたいときは司令塔を崩しにかかります。そのために、司令塔のサービスゲームで勝負をかけたり、司令塔のリターンでポーチに出ます。また、もう一人のプレーヤーにボールを集めてチャンスボールを作っておき、決め球を司令塔のほうへ打つというのも非常に効果があります。

私が司令塔を探すときに気を付けているのは、二人の会話の言葉遣いです。どちらが敬語を使っているかで判断できます。また、どちらが会話の主導権を握っているかでもわかりますし、ミスをしたときの二人の対応の雰囲気からも判断できます。それでもわからないときは、多彩な攻撃を仕掛けてくるほうのプレーヤーを司令塔と見て間違いないでしょう。

勝てるヒント 050

相手ペアの「絆」の度合いを知る

試合の序盤で、私は相手ペアのコンビネーション（＝チームワーク）やお互いの理解度の深さを見るようにしています。

そのために、私はあることを仕掛けます。相手ペアのどちらでも取れるところにボールを打って、二人の動きを見るようにしているのです。さらに、そのポイントが終わった後の二人の会話を聞いてみます。

これがヒントになって、その二人が経験の浅い「急造ペア」か、二人の「絆」が深い「組み慣れているペア」なのかがわかります。

「急造ペア」ならば、ゲーム終盤はセンターにボールを集めて、コンビネーションの乱れを誘うようにしています。

逆に「組み慣れているペア」ならば、コンビネーションプレーで調子に乗せないようにどちらか一人を集中的に狙います。そうすると、ボールを打っていないほうが、焦って乱れるケースがあるからです。

勝てるヒント 051 フェイントで相手レシーバーの能力を測る

相手レシーバーの能力を測る方法があります。

自分がサーバー側の前衛のときに、ポーチのフェイントを仕掛けるのです。フェイントへの対応の仕方によって「ボールを打つ直前までボールと相手の両方を見ていられるか？」という相手レシーバーの能力を測ることができます。

この結果、自分はポーチの出方を考えることができ、成功率を高められます。

【フェイントが見えていない相手レシーバー】

このタイプは、ほとんどボールしか見えていないものです。だからポーチに出やすいタイプと言えます。ポーチでのスタートのタイミングをいくらか早くしても大丈夫です。

【フェイントが見えている相手レシーバー】

フェイントにすかさず反応してくるタイプには、その反応の良さを逆手に取ります。ポーチに出るフェイントを大きく入れた直後に元のポジションに戻って、相手にストレート打ちを誘うのです。あるいは、終盤にポーチに出るならば、大事な場面で突然フェイントなしで出るという作戦も良いと思います。

勝てるヒント 052

センターベルトを使って勝つ

テニスで唯一の障害物と言えるのがネットです。ルールで高さが決められているがゆえに、多くの方がネットを邪魔ものにとらえています。

しかし、草トーの強豪ペアは違います。いかにネットを上手く利用するかを考えているのです。特に、コースを狙うときにネットで一番低い位置にある中央のセンターベルトを利用しています。

例えば、相手のバックにサーブを打ちたいとき。私はサーブの立ち位置を変えます。レシーバーが右利きならば、デュースコートでセンターマーク寄りに立ち、アドコートでは、サイドライン寄りに立ちます。サーブがネットの一番低いセンターベルトを通ると同時に、自分の立ち位置とセンターベルトを結んだ延長線が相手レシーバーのバック側に来るからです。

また、スマッシュを打つときもセンターベルトの上を狙います。ネットにかける確率が一番低くなり、なおかつ角度のあるスマッシュが打てるからです。

このように、センターベルトを少し意識するだけで勝つ確率は高くなるのです。

勝てるヒント 053

「はじめの一歩」が流れをつかむ

勝負事には、必ずと言っていいほど「流れ」があります。

この流れを上手くとらえなければ、自分たちと同じレベルの相手にも簡単に0－6で負けてしまいます。草トーの強豪ペアは、これまでの豊富な経験を活かして独自の方法で流れをつかむのが上手いのです。

ここでは、私が実際に試合で心がけている流れのつかみ方を紹介しましょう。

私は流れをつかむポイントはリズムだと考えています。テニスでは、いろいろなリズムがあります。中でも流れをつかむために必要なリズムは、すべて「はじめの一歩」となるリズムだと思っています。

まずはサーブ。

このショットは、試合で唯一、相手ボールに左右されないショットです。私はヒザを上手く使って、自分のリズムで打っています。これは普段の練習から意識していることです。強いボールを打つよりも、最後までラケットを振り切ることを重視して、土壇場でもブレないスイングリズムをつくっておくのです。

次にリターンとファーストボレー。

私は、サーブ以外のショットはすべて「いかに相手のリズムに合わせてシンクロ（＝同調）させるか」を考えています。相手のリズムに合わせることで自分の動きも良くなり、スムーズにスイングができるようになるからです。当然、ミスが少なくなります。

リターンならば、相手サーバーがヒザを曲げたタイミングに合わせてスプリットステップ（両足で軽くジャンプするステップ）を踏んでいます。

ファーストボレーは、相手レシーバーがフォワードスイングに入ったタイミングでスプリットステップをするようにしています。どこか1か所、相手のリズムに合わせることで相手とシンクロできるからです。

これらの工夫でラリーのリズムをつくり、無駄なミスを減らして、ゲームの流れをとらえるようにしています。

こぎ出しさえ上手くいけば、自転車はスムーズに乗れます。最初の動きを上手くつかまえれば、リズムは生まれます。それはテニスでも同じです。サーバーはネットを取るまで、レシーバーは強烈なサーブを返すまでのリズムに細心の注意を払うかどうかが、勝負の分かれ目になるからです。

勝てるヒント 054 目障りな相手前衛をビビらせる

試合では、ちょこちょこ動き回って目障りな前衛がいるものです。

こんな相手のときには、序盤にストレートリターンやストレートパスを打っておきましょう。相手は「うかつに動けないな」と警戒して、大人しく最初のポジションから動かなくなるものです。たとえ自分のミスになっても、試合はまだ始まったばかりですから取り返すことができます。そして、なによりも前衛の動きを封じる効果は、終盤で大きな力となります。

また、私は動き回る相手に対して「見せ球」や「見せプレー」をよく使います。ストレートショット以外にも、自分の平均スピード以上のサーブを打つこともあります。たとえフォールトであっても、相手に「速いサーブもあるんだ！」と強く印象付けることができます。

あるいは、パートナーと二人でサインプレーからポーチに出ることで「こんなプレーもしてくるのか！」と相手をビビらせることができます。

1ポイント、1ポイントは確かに大事です。ただ、1セットを取るための20数ポイントの1ポイントと考えれば、試合の序盤で何をしておいたほうが良いかが見えてきます。失点しても、後々に相手にプレッシャーをかけられる失い方があってもいい、と私は考えています。

見せ球や見せプレーを使うときに心がけているポイントは二つです。

【1】リスクを伴うので競った局面ではほとんど使わない。

【2】自分のポイントパターンが決まりやすくなるための事前の一手とする。

1ポイントごとに集中するのは当然ですが、目先の1ポイントだけにこだわり過ぎないでください。さもないと、相手が見えなくなり、コートが見えなくなり、最後は試合の流れが見えなくなるのです。

1ポイントに集中しつつ1ゲームを見る。1ゲームを見つつ1ポイントに集中するのが、試合に勝つコツです。

勝てるヒント 055 サービスキープを助ける前衛の動き

サービスゲームをキープするには、サーバー側の前衛の動きが重要です。前衛が動くから、相手ペアはプレッシャーを感じて普段のプレーができなくなります。逆に、何も仕掛けない前衛ならどうでしょうか。レシーバーは、伸び伸びとプレーできます。相手前衛が動かないのですから、相手のサーブだけに集中して、リターンできるのです。

相手にプレッシャーをかける前衛の動きで、代表的なものと言えばポーチでしょう。このポーチには2タイプあります。「いきなり出るポーチ」と、「ストレートにフェイントを入れてから出るポーチ」です。

また、ポーチしないときでも前衛は、相手にプレッシャーをかけることができます。例えば、ポーチのタイミングでセンターにフェイントを入れてから、元の位置に戻る動きです。こうすることで、相手レシーバーにプレッシャーをかけると同時に、ストレートに打つように誘っているわけです。この動きで、相手レシーバーがストレートを打てばしめたもの。あとはボレーでエースを決めるだけです。

このように、「正面に構えている前衛は次に何をやってくるのか？」と相手レシーバーを不安な気持ちにさせましょう。そうすることでサーバー側は、サービスゲームをキープできる確率が高くなります。

前衛単独でも、これだけのことを仕掛けることができるのです。

さらに、パートナーのサーバーと二人で、サインプレーからサイドチェンジをしてポーチする作戦なども取り入れたいものです。

この場合、普通のポーチよりも早く動き出すのがコツです。

ストレートはパートナーのサーバーがカバーしてくれるので、前衛はクロスを抜かれないようにしないといけません。この動き出しの違いをマスターできれば、二人のプレーの引き出しが増えます。相手レシーバーに気付かせるくらいの早い動き出しでOKです。ポーチを避けるあまりリターンミスなどしてくれれば、ポイントで得た以上に相手レシーバーに与えるダメージは大きいものとなるからです。

勝てるヒント 056 攻撃的なトップスピナーが苦手なこと

私は、武器は時として「弱点」になることもあると思っています。

例えば、トップスピンストロークを武器とするプレーヤーです。厚いセミウエスタングリップでラケットを握り、体全体を使ってフォアから打たれたトップスピンの強打は脅威です。

しかし、このタイプのプレーヤーは、4人がネットに詰めたボレー合戦では、素早い動きについていけないケースが多いものです。強烈なフォアハンドに目を奪われがちですが、その特徴を分析して弱点を突く作戦の企て方を身に付ければ、負ける確率も低くなります。

フォアハンドの強烈なトップスピンを打つプレーヤーの特徴を挙げてみましょう。

おもに三つあります。

【1】厚いグリップで握っている。
【2】ストロークが得意。
【3】相手ボールの力を利用するよりも自分の力で勝負する。

そこで、私は次のように攻めていきます。

【1】短いボールを打つ。理由は相手を前後に動かすため。

【2】ハーフボレーをさせる。理由はラケットヘッドが寝るからミスをしやすい。
【3】アンダースピンのボールを打つ。理由は低い打点で打たせる。振り遅れを誘う。

まだあるかもしれませんが、ラケットを振り切ったスイングでストロークを安定させているこのタイプは、ハーフスイングやノースイングといった打ち方は、あまり得意ではありません。だから配球に変化をつけて、十分な体勢で打たせないようにします。

このように、相手の得意な土俵で相撲を取るのではなく、相手の苦手な状況でラリーする展開に持ち込むのが、草トーに勝つコツです。

勝てるヒント 057

ロブは相手前衛をターゲットにしない

強豪ペアは、必ずと言ってよいほどロブの使い方が上手いものです。相手前衛の構える位置や動きを見て、スマッシュされず、かつできるだけ低い高さのロブを上げます。確かに、このロブは効果的です。

しかし、私はロブに対して違う見方を持っています。それは、「相手前衛をターゲットにしない」ことです。

というのも動いている相手前衛の「少し上」とか「少し横」を狙おうとすると、ショットがブレやすくなるからです。ミスを犯さないために、常に動かないものをターゲットにするように心がけている私としては、これはNGです。

例えば、相手前衛にロブを上げるときは「ネットの上3mを通して、ベースラインの内側」を狙って打っています。結果として相手前衛の頭上ぎりぎりのロブになればOKですし、仮に相手が上手くてスマッシュやハイボレーされたとしても、自分の思い描いたロブが打てればよし、としています。

また、ストレートのパッシングショットを打つときも、相手に触らせないようにして打っていません。サイドラインの内側で、ネットの20～30cm上に仮想ターゲットをイメージして、その的を狙うようにしています。そこを狙ってしっかり打ったボールならば、仮に相手前衛に取られても、厳しい返球が来る確率は低いものです。

相手に勝つ競技のテニスですが、実は「いかに自分がイメージしたショットを打つか？」が大切だと思っています。

勝てるヒント 058 派手に見えるプレーほど落とし穴に注意

サービスダッシュやポーチには派手なイメージがあります。しかし、冷静に見てみると実は自陣の陣形を一度崩していることに気が付くでしょう。

例えば、サービスダッシュ。「ダブルスはネットを取らなければ」と思うあまり、入れるだけを目的とした威力のないサーブで、ネットダッシュをしたことはありませんか。そんなときは、きっとリターンエースを取られたと思います。

また、サーブを打ってネットへ移動している間は、一瞬ですが不安定な陣形になります。こんなときこそ、しっかりとラケットを振り切ったサーブか、コースを狙ったサーブを打ってからネットダッシュするように心がけてください。

同じようなことがポーチにも言えます。

相手のクロスリターンを動いてカットするポーチ。通常の陣形を崩して動くがゆえに、一瞬二人が縦一列に並んでしまう瞬間が生まれるものです。ポーチが一発で決まれば問題ありませんが、万が一、相手に拾われると最悪です。オープンスペースに返されてしまい、へたをすればエースを決められてしまいます。

そのあたりの対応を、強豪ペアは二人でよく話し合っています。

一つの目安として、前衛がポーチをした場所を意識しましょう。例えば、ポーチをしたポジションがセンターラインの手前ならば、二人はノーチェンジで、前衛はボレーの後に戻るようにしましょう。

また、センターラインを越してボレーをしたならば、後衛はサイドチェンジをして、コート半面のカバーに動くようにします。このとき、後衛はボレーしてから動くのではなく、前衛のラケットがボールに届くと判断したら動くようにしましょう。これがコツです。事前に二人で動きのことを話しておくと良いでしょう。

一度は自陣の陣形を崩す可能性があるサービスダッシュやポーチですが、ワンランクレベルアップするには欠かせないプレーとも言えます。落とし穴となるリスクを二人で最小限にしつつ、チャレンジしてください。

トライしなければ、新しい引き出しは増やせません。

勝てるヒント 059 プレーの優先順位を決めておく

私は、「ミス待ちのテニスで勝てるのは、かなりの実力差がある場合だけ。自分と同じレベルや上の相手には攻めないと勝てない」と思ってプレーしています。

ですから、相手ボールが少しでも短くなれば、積極的にストロークを強打して叩き込むか、ネットを取るように心がけています。このプレースタイルと考え方が、私のテニスの基本です。

また、状況に応じて「大事にいくポイント」と「超強気でいくポイント」を使い分けています。

「大事にいくポイント」とは、自分たちに流れが来ている状況で、あえて冒険をする必要のないポイントを指します。確実に1ポイントをリードしたい場面です。

このポイントで注意してほしいのは、ミスしないようにボールをつないでいくわけではないということです。一番リスクの少ないところに配球するというイメージです。

例えばサーブで言えば、ワイドに打たないこと。ワイドを狙うというのはエースになる可能性はあるものの、厳しいリターンが来る確率も高くなるからです。こんなときは、センターに打つようにします。なぜなら、ファーストボレーを打つときにパスで抜かれる確率がより少ないからです。

「超強気でいくポイント」とは、試合の流れを変えたい状況でのポイントを指します。自分たちが弱気になっていることが多いので、あえて超強気でプレーするべきなのです。ただし、失敗するリスクも大きいことを覚悟しなければいけません。このポイントでは、パートナーとのサインプレーを使っています。

また、プレーを選ぶときは自分でポイントを取りにいくのか、それとも相手に満足なプレーをさせないのかを考えるべきです。サーブを例にしてみると、私はサーブの威力でエースや有利な状況をつくるのか、あるいは相手のボディを狙って満足なリターンをさせないのかを使い分けています。

十人十色、その人によって各ポイントでどのようなプレーをするかは違うでしょう。ただ、普段から自分なりの優先順位を決めておけば、試合で悩んだり迷ったりしなくなります。

勝てるヒント 060 ノーアドでブレークされないためには?

最近は、多くの草トーで「ノーアドバンテージ」ルールが使われています。

私自身、「40－40」になったら次の1本で決まる「ノーアド」が好きです。相手サーブのブレークチャンスが広がるからです。

そう考えると、通常の「デュース」はサーバー救済ルールと言えないでしょうか。例えば、30－40の局面で「デュース」があるルールならば、サーバー側はサーブで1ポイントを取ればひと呼吸入れることができます。しかし、「ノーアド」ではサーバー側は2ポイント連取しないとサービスキープができません。

このように、サーバー側にとって「ノーアド」は時に厳しい状況に置かれやすいと言えるでしょう。私自身、何度も経験しています。

その経験から、「ノーアド」で私がサーバーになったときに心がけている点を紹介します。

まず、絶対に弱気にならないこと。守って勝てるほど、ノーアドゲームは甘くありません。次に、相手ペアより早く「40」を取るようにします。デュースがあるルールより、1ゲームが1ポイント少ないぐらいの気持ちを持って、得意なプレーで臨んでください。先に「40」にしておけば、相手はミスもできないプレッシャーから思い切ったプレーができなくなります。

そして最後に、どちらが最後のポイントを取って「40－40」になったか注意しましょう。例えば、「30－40」からサーバー側がポイントを取って「40－40」になったとしましょう。このときは、流れを変えずに同じプレーで再度相手を押し込みます。逆に、「40－30」から相手にポイントを取られて「40－40」になったとします。このとき、私は流れを変えてポーチに出るなど積極的なプレーをするようにしています。

多くのプレーヤーが、試合で「デュース」が適用されるのか、それとも「ノーアド」なのかに無頓着のようです。しかし、ルールがわかるだけでも、試合に勝てるチャンスは広がります。ぜひ次の大会では事前にチェックしてください。

勝てるヒント 061

苦しいときは2球セット攻撃で揺さぶる

相手のペースで試合が進んでいるときは、何をやっても上手くいかないものです。こんなとき、私はプレーを複雑にせず基本的な攻め方を心がけています。具体的には1本のエースに頼らず、2球をセットにした極端な配球です。より大きく相手を揺さぶるのが狙いです。

苦しいときに私が心がける攻め方は次の五つです。

【1】前後（例）ベースラインに深いボールを打った後に、ネット際のドロップショット。
【2】左右（例）ストレートのアプローチからクロスボレー。
【3】上下（例）ボレーヤーの足元に打ってからロブ。
【4】緩急（例）速いショットの後に、緩いショット。
【5】球種（例）トップスピンのストロークラリーからアンダースピンのアプローチ。

これら五つのことを実行すれば、確実に相手を揺さぶることができます。

最初はミスしても構いません。何もせずに同じところに返すよりは、大きな前進です。これらを組み合わせて実行しようとチャレンジすることが、皆さんのテニスを成長させるのです。やがて数え切れない攻撃パターンを持てるようになりますよ。

球種で相手を揺さぶる

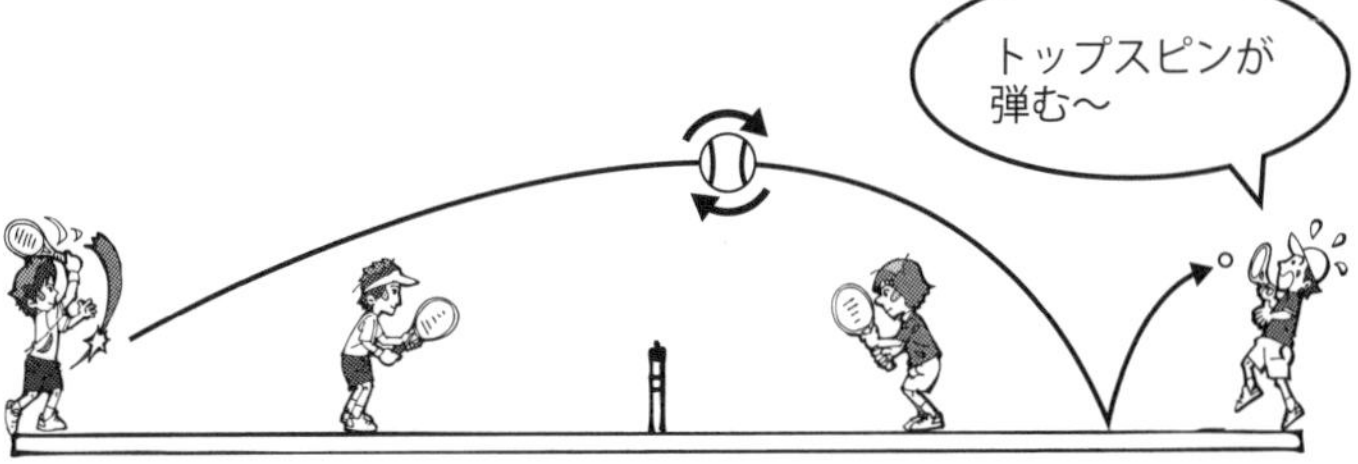
トップスピンが
弾む〜

アプローチだ
低く滑ってくるぞ！

ダブルスの雁行陣で後衛がクロスラリーをしていたとしよう。仕掛ける側の後衛はラリーで強烈なトップスピンストロークを意識的に使う。そして、短いボールが来たらスライスのアプローチでネットに詰めるのだ。トップスピンに慣れていた相手は対応に苦しむはずだ

勝てるヒント 062 1回のポーチで劇的な効果をあげる

「相手のサービスゲームをブレークした次のゲームの1ポイント目はポーチに出る」。

これは、私が試合中に実践しているセオリーの一つです。

相手レシーバーの立場になってみると、いかに効果的かがわかります。前のサービスゲームをブレークされて、レシーバーはなんとしてもブレークバックしたい気持ちになっています。この気持ちで臨んだレシーブゲームでは、いきなりのストレートアタックやロブは打ちにくいものです。

この相手レシーバーの慎重な心理を考えたとき、最初のリターンは高い確率でクロスに打つはずです。

このときこそ、サーバー側のチャンス。果敢にポーチにいってください。成功したときに相手に与えるダメージは計り知れません。ただでさえブレークされて落ち込んでいるときに、「気持ちを入れ替えてブレークバックするぞ」と打った初球をポーチされたわけですから。

同じ1ポイントでも、相手に与える影響はおそらく2ポイント以上の効果があります。私の経験上、意気消沈するペアも少なくありません。

勝てるヒント 063 本当に強いペアのストレート攻撃とは？

私は、攻めるときは距離の近い相手を狙うようにしています。相手は素早く反応しづらいので、ポイントが決まる確率が高くなるからです。

一方、つなげるときは遠い相手に打つようにしています。自分の打つボールの滞空時間が長いので、自分の体勢を立て直すことができるからです。

この点を心がけている私にとって、しっかりストレート攻撃できるペアは要注意。特に強調したいのはストレートを打つプレーヤーではなく、実はパートナーの動きです。ストレート攻撃は、相手との距離が近いので決まる確率が高いと言えます。しかし、もし相手に返球されると距離が近い故にカウンターショットになり得るリスクも伴っています。強いペアは、必ずこの点を予測して準備しています。

例えば、味方のサーバーがファーストボレーをストレートに攻めると察知したら、サーバー側の前衛は下がりながらセンターを守り、相手前衛が返球した場合に備えます。このように動くことで、自陣にオープンスペースをつくらないようにしているのです。

パートナーがストレートに攻撃するとき、あなたも相手からの返球を考えた動きをするようにしましょう。相手ペアは「穴がない上級ペアだな！」とひそかにビビるはずです。

第4章

自分を知り相手を知る

最強メンタルタフネス

勝てるヒント 064

自己実現を目指したプレーをする

勝ち負けにこだわり過ぎると、プレーは守備的になるし、ストレスもたまって思うような結果が出ないものです。

そこで、プレーヤーは「メンタル」を強くしようと思うわけですが、この不思議な怪物は、なぜプレーに大きな影響を与えるのでしょうか。

著名な心理学者であるアブラハム・マズローによれば、それは「自分がなんのために戦っているか」という人間の欲求が原因だと言っています。

左の図にあるように、人間の欲求は五つの階層に分かれているそうです。テニスに例えて言えば、テニスがしたいというシンプルな欲求から始まり、自分のテニスを高めたいという高い志に行きつくのです。その意味で、「勝ちたい」とか「人目を引きたい」といった欲求は、実は途中の段階でしかないのです。

最終的には、「試合中どれだけテニスを楽しめたか」、「どれだけ自分の精神や肉体が高いレベルにあったか」ということが大切であることがわかります。

このように自己実現を目的としてプレーできれば、他人の目や目先の結果などが気にならなくなります。

マズローの欲求階層モデル

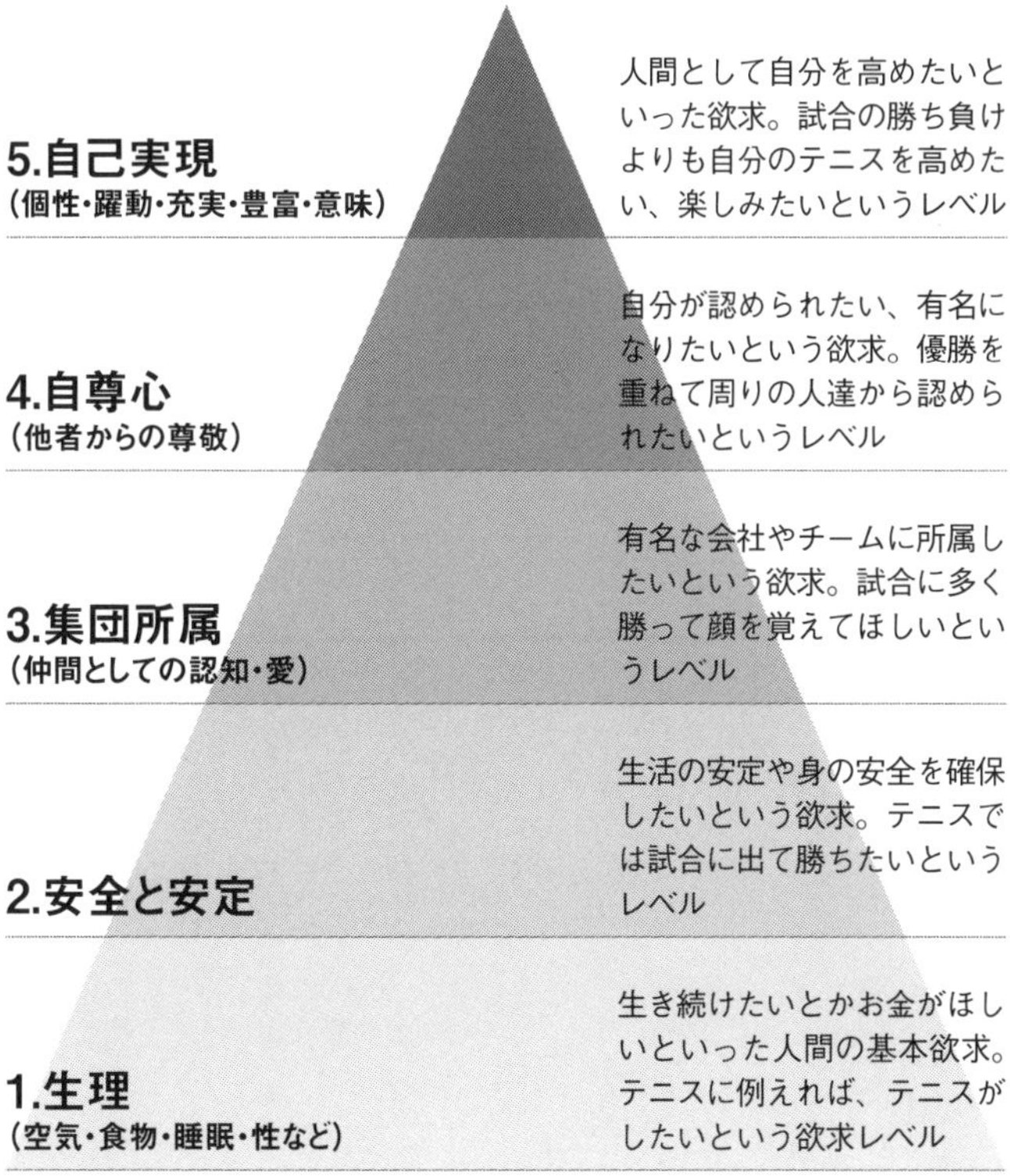
5.自己実現
（個性・躍動・充実・豊富・意味）
人間として自分を高めたいといった欲求。試合の勝ち負けよりも自分のテニスを高めたい、楽しみたいというレベル
4.自尊心
（他者からの尊敬）

自分が認められたい、有名になりたいという欲求。優勝を重ねて周りの人達から認められたいというレベル
3.集団所属
（仲間としての認知・愛）

有名な会社やチームに所属したいという欲求。試合に多く勝って顔を覚えてほしいというレベル
2.安全と安定
生活の安定や身の安全を確保したいという欲求。テニスでは試合に出て勝ちたいというレベル
1.生理
（空気・食物・睡眠・性など）

生き続けたいとかお金がほしいといった人間の基本欲求。テニスに例えれば、テニスがしたいという欲求レベル

勝てるヒント 065 威嚇してくる相手は本当に怖いのか？

大学2年生の時に、ある大会のシングルス決勝に進んだことがあります。

相手は経験豊富な4年生。実績もあり、相手のほうが明らかに格上でした。

そして、試合開始。2－2からの相手のサービスゲームでカウントは40－0。次の1本を私のイージーミスでゲームを簡単にキープされました。しかし、この直後、相手はあたかもセットを取ったかのごとく過度のガッツポーズをしてきたのです。まだ試合の序盤であったにもかかわらず、この威嚇《いかく》ぶり。

私は、この相手の行為を見てリラックスできたのを覚えています。意外ですか？　確かに、本来は相手にリードされた私のほうが少々焦るべき場面でしょう。しかし、私は相手を見て「私以上に心理的に追い詰められている」と気付いたのです。相手は「自分はシード選手。無名の相手に負けられない」と焦っていたはずです。

1ゲームを失ったことは確かにイヤでしたが、相手の心理状態を知ることができました。それによって、私は2－3のスコアからゲームを連取して優勝できたのです。

この試合は、その後の私のゲーム運びに大きな影響を与えました。威嚇する相手は怖くありません。むしろ自分は追い詰められていると相手にばらしているようなものです。

勝てるヒント 066

第1シードで優勝するのは難しい

草トーで勝てなかったころは、「第1シードは優勝して当たり前」と思っていました。しかし、少し勝てるようになり、自分がシードをもらえるようになると、第1シードで優勝するほうが、はるかに難しいことがわかりました。

「勝って当たり前」の状況での戦いと「負けてもともと」の戦いとでは、かかるプレッシャーが変わるからです。

同じ状況なのに、気持ちの持ち方ひとつでまったく違った結果を生みます。

以前、私は「負けたくない」と思うあまり、足は動かなくなるわ、スイングはぎこちなくなるわで自分のテニスができなくなったことがありました。そのような苦い経験から、「ミスを怖れて打てなくなって、逆に相手に決められるのは悔しい。ならば、ミスを怖れずに攻めよう」と思うようになりました。

相手のミス待ちテニスで勝っても、次にはつながりません。ポイントが決まる優先権は、自分が持っていたいからです。そうすれば、たとえ失敗しても次へのレベルアップの材料になります。常に攻める気持ちを持ってプレーしましょう。守って勝てるのは、かなり実力差のある相手の場合だけです。

勝てるヒント 067 1－4より0－5のほうがまくりやすい

私は、気持ちとゲームカウントは濃厚に関わっていると思っています。

例えば、0－5と1－4のゲームカウント。あなたは、どちらが負けそうだと思いますか。当然、0－5が圧倒的に不利だと思われるでしょう。

しかし、多くの試合を経験してくると、「1－4より0－5のほうがまくりやすい」と考えるようになります。もちろん、0－5はスコア的にほぼ勝ち目がないように見えますし、負けを覚悟しなければいけない状況です。

ただ、0－5と1－4では、自分たちだけでなく相手のメンタルにも微妙な違いが出てくるのです。

相手ペアの状態を考えてみましょう。特に次の3パターンに当てはまりそうなときは、挽回のチャンスは十分あります。

【1】勝ちビビり型。勝ちたいと思うあまり、「金縛り」にあって足が動かなくなる。

【2】慢心型。油断して動きが緩慢になったり、サービスエースやリターンエースを狙う一発勝負が多くなる。この結果、相手に立ち直りのきっかけを与えてしまう。

【3】無計画型。5－0にするまでに、すべてを相手に見せきってしまう。ポイントでき

るパターンがなくなる。

大逆転された経験のある方は、これらにうなずかれていることでしょう。実際、私も何度となく逆転されて悔しい思いをしてきました。

追い詰められた側は「負けてもともと」と開き直ります。この両者のメンタルの変化が、1－4より0－5のほうが、より大きく作用するように思います。

とはいえ、0－5が厳しい局面には変わりありません。ただ試合で、こうなったときに「もうダメだ！」と諦めるか、「5ゲーム連取されたのなら、ここから5ゲーム連取も可能だ！」と思うのか。どちらに考えるかで、その試合だけでなく、その後のあなたのテニスが変わるように思います。

勝てるヒント 068 6－0で勝った次の試合こそ要注意

あなたは、前ページとは逆にゲームカウント5－0で圧倒的に有利な場面のとき、どんな気持ちで次のゲームに臨んでいますか。

私は、このような場面では全力で6－0を狙いにいきます。

なぜなら、徹底的にやっつけておくことで、相手ペアに苦手意識を植え付けることができるからです。そうすれば、いつかどこかで再び戦うことがあっても、相手はおそらく0－2ぐらいの気持ちからスタートすることになるでしょう。そのために、5－0からは全力でトドメを刺すようにしています。

しかし、数字というのは怖いものです。

草トーではワンデーのトーナメントを開催しているところも多くあります。もしあなたが、1回戦を6－0のスコアで勝ったとします。この場合、次の試合は十分に注意しましょう。

というのも、6－0で勝った後は気持ちが大きくなっているからです。

この結果、技術でプレーが雑になっていたり、戦術で自分の作戦がすべて上手くいくと思い込んでいます。また、フィジカル的にも、あまり動いていないために筋肉が十分にストレッチされていません。

これがワンデー・トーナメントの落とし穴です。

1試合ごとに気持ちを入れ替えて、落とし穴にはまらず勝ち続ければ、トーナメントの優勝も夢ではなくなります。

草トーの強豪たちを見ていて、共通していることがあります。彼らはみな「負ける怖さを知っているから強い」のです。どんなトーナメントでも、最後まで負けないで大会を終えられるのは、たったの1ペアだけということを肝に銘じてください。

勝てるヒント 069 相手レシーバーのメンタル強度を測る

私は、相手の得意なショットや苦手なショットといった目に見える部分だけでなく、メンタルの強さという目に見えない部分も早い段階で見極めるようにしています。それを知ったうえでゲーム終盤を迎えるのと知らないで終盤になるのでは、作戦の立て方がまるで違うからです。

例えば、自分たちがサービスゲームで30－30のポイントのときに、ポーチを仕掛けて決まったとしましょう。その後、1ポイントを失ってデュースになったときの相手レシーバーに私は注目しています。

【1】ポーチを怖がってストレートロブで逃げてくるタイプ。

「またポーチされてはいけない」という気持ちが働くタイプ。慎重派とも言えますが、メンタル的に弱気なタイプとも言えます。逃げのロブ以外の選択としては、ポーチを避けて「よりクロスへ」という気持ちになりがちです。狭いエリアしか見えなくなっているので、相手としては崩しやすいタイプです。

もし相手レシーバーがロブを上げてきたら、多少無理してでも叩き込みましょう。そうすることで何もできなくなってきます。

【2】ストレートアタックしてくるタイプ。

強気のタイプです。負けず嫌いのタイプとも言えます。私は、そこを逆手に取るようにしています。ストレートアタックをボレーでクリアして、相手の攻撃を防ぐのです。

相手は、30－30のポーチで決められたこともあり「コースを変えたのに読まれている」とか「次はどこへ打ったらいいの?」と、ガクッと崩れてしまいます。

万が一、ストレートアタックでポイントを奪われたとしても、気にすることはありません。今まで一定のリズムでクロスに打っていたリターンを、ストレートに変えさせただけでも大きな効果があるからです。

【3】今までと変わらずクロスリターンを打ってくるタイプ。

メンタルの変化がわかりにくい、やっかいなタイプ。しかし、そのクロスリターンのスピードに注目して対処しています。今まで通りに振り切ってスピードのあるリターンを返してくるタイプならば、終盤でサインプレーを使ったポーチ攻撃を選択します。事前にパートナーと作戦を共有して二人でやっつけることが大切です。

少しスピードを落としてこちらの動きを見てくるタイプもいます。このタイプには、動き出すタイミングをぎりぎりまで遅らせて、フェイントなしでポーチする作戦をとるようにしています。

勝てるヒント 070 相手は連続してリターンミスを犯すか？

相手ペアのメンタル強度を測る機会は、いろんなところにあります。

例えば、相手ペアのA氏がリターンミスを犯したとき。次のB氏のリターンで、B氏のメンタル強度を測ることができます。

もしもB氏が簡単にリターンミスを続けるなら、メンタル的に強くなくてプレーに波があるタイプと判断できます。B氏は、精神的に乗せなければ怖くありません。

しかし、B氏がしっかりと良いリターンを打ってくるのであれば要注意です。メンタル的に強いと判断します。テニスのレベルも高いはずです。

後者のB氏は自分次第でチャンスを逸する状況になることを理解しています。チャンスを逸する状況とは、「自分もリターンミスで失点すると4ポイントのうち半分も取られる。これでは相手のサービスゲームをブレークするのは相当に難しい」という状況です。

この厳しい状況を知っているB氏は、当然かなりのプレッシャーを感じているはずです。にもかかわらず、リターンをきっちり返していくところにB氏のメンタルの強さが現れています。

勝てるヒント 071

大事な場面で選んでくるプレーは？

ゲームポイントやセットポイントがかかった大事な場面は、相手ペアのメンタル強度が測れる代表的な場面と言えます。

もしも相手ペアが中ロブを上げるなどして仕掛けてこない場合はどうでしょうか。このような、ミスを待つタイプならばメンタル的にはあまり強くないと判断していいと思います。

ミス待ちタイプに対しては、最後まで自分たちのテニスをしっかりやり切ることに集中するべきです。相手の、のらりくらりとしたテニスにイライラしないでください。焦らないことが大切です。

一方、落ち着いた表情でラケットを振り切り、普段よりも良いプレーをしてくる相手は警戒レベルを上げてください。

メンタル的にかなり強く、調子に乗せると怖い相手と言っていいでしょう。タイブレークには持ち込みたくないので、試合の早い段階から仕掛けてリードしておきたいところです。

勝てるヒント 072 「ドンマイ」にもいろんなタイプがある

緊張感が漂い始める試合終盤で、相手ペアのどちらか一人がミスを犯したとしましょう。そのときのもう一人の反応や対応の仕方を見れば、相手ペアのメンタル強度を測ることができます。

言い換えれば、相手ペアの精神的なつながりの強さやお互いの信頼関係がわかってくるのです。

次の四つの点に注意すれば、崩れかけているペアなのか、まだまだ反撃してきそうなペアなのかが判断できます。

【1】口先だけの「ドンマイ」で冷たい態度。

信頼関係は、かなり崩れてきています。ミスしたプレーヤーを、さらに攻めてやる気をなくさせましょう。

【2】優しく「ドンマイ」とは言うが内心はくさっている。

このタイプの見分け方は、パートナーを慰めた後の行動や次のショットを見ればわかります。攻めの姿勢が見えなかったり、雑で荒いプレーをしているなら、あと一押しで崩れる状態です。

【3】パートナーの分を自分がカバーしようと頑張る。

このタイプは、パートナーのために必要以上に頑張るものです。相手二人の中間よりもミスしたプレーヤーの近くにボールを集めて、カバーしようと頑張るプレーヤーを走らせて疲れさせましょう。

【4】優しく「ドンマイ」と声をかけてプレーに変化が見られない。

もっともやりづらい相手で、なかなか崩れないタイプです。攻め方としては、【3】と同じようにカバーしようとするプレーヤーに無理をさせて独り相撲をとらせること。あるいは、ミスしたプレーヤーにボールを集めてチャンスボールをつくり、カバーしようとするプレーヤーのほうで決めるようなパターンでポイントを取りましょう。こうすることで、表には出さないものの実はストレスがたまっているに違いない相手に、さらにストレスをかけて崩すのです。

勝てるヒント 073

相手の精神状態を知れば自分の状態もわかる

試合中の相手ペアのリアクションや表情から精神状態を知れば、優位にゲームを進められます。

相手ペアの精神状態を判断するポイントは三つあります。

【1】失敗したときにうつむき加減になる。

自分に自信がないか、弱気になっている場合です。

その1ポイントだけでなく、その後もミスの影響を引きずりやすい精神状態にあります。

このような相手には、相手が失敗したポイントと同じ攻撃を続けていけば崩すことができます。

【2】ミスにイライラしている。

すぐイライラするタイプは精神的に弱いと言えます。

しかし、例外があります。イライラしても、次のポイントで気持ちを入れ替えてくる相手です。こちらは、逆に精神的にタフなタイプです。

【3】パートナーに頼り過ぎる。

二人の役割分担をはっきりさせているペアは強いのですが、ミスが続くと信頼関係が崩れかけることがあります。一人がもう一人に頼ってしまうのです。そんなときは、力量が劣っているプレーヤーを狙うのも大事な作戦です。

終盤になると、なかなか冷静に相手を見ることはできなくなるものです。しかし、その状況でも相手を見ることができるかどうかは、自分たちが落ち着いているかどうかのバロメーターにもなります。

観察能力を磨いて相手に対する冷静な目を、そのまま自分自身にも向けられれば、己を知ることも上手くなってくるでしょう。

勝てるヒント 074 間合いの取り方でメンタル強度を測る

序盤を過ぎて試合が中盤になってくると、ペアによってはポイントとポイントの間合いの取り方が変わってきます。

相手ペアが、この間合いをどう取っているかを観察してください。メンタル強度を測ることができます。

相手ペアの間合いが短いときは、相手ペアのピンチと見ていいでしょう。緊張してきたり、浮き足立ってきています。相手の表情が変わっていないとしても、この間合いから相手が精神的に追い込まれつつあることがわかるのです。

逆に、間合いが変わらなかったり、長かったりしているときは、相手ペアの力はまだ衰えていないと判断します。冷静に状況を判断する力も備えており、精神的に落ち着いています。

第5章

トーナメントの最後まで戦える
フィジカルをつくり上げる

勝てるヒント 075

自分なりの調整法を持とう

体力がなくなると集中力もなくなります。

いったんコートに立てば、いかなる言い訳もできないのが試合です。いかに良いコンディションで試合を迎えるかを考えておきましょう。

20代のころの私は、体を鍛えることに重きを置いていました。しかし、35歳くらいからは、鍛えるより疲労回復を優先するようにしています。前の試合の疲れを残したままだったり、前日に睡眠不足で試合をすると、ケガの原因になるからです。

若いころに比べて、一番変わったのはストレッチに対する意識です。年を重ねると関節の可動域は狭くなるし、仕事で同じ姿勢が長く続くと筋肉が固まりやすくなります。そんなときは、その部位のストレッチだけでもすぐに取り組むようにしています。

また、テニスをした後は筋肉の疲れを取る習慣をつけています。特にリゾートテニスで翌日にも試合があるときは、前の試合の疲れを早く取ってニュートラルな状態の体にしておきます。こうすれば、リフレッシュした体で試合に臨むことができます。

あなたも自分なりの調整法を持つことをおすすめします。こういったフィジカルに関するノウハウを持っておくことも、試合に勝つためには大切なことなのです。

勝てるヒント 076

キネシオテープが効く理由

皆さんの中には、キネシオテープを使用している方も大勢いるでしょう。

コットン生地のテープの裏に、アクリル100％の糊が塗ってあるだけのテープです。正直に言うと、以前は効く理由がわかりませんでした。薬剤師である私の立場から見て、裏側に消炎薬が塗ってあるわけでもないテープが、効くとは思えなかったからです。

しかし、秘密はこのテープの特別な伸縮の仕方にありました。

【効果1】

テープの伸縮率が人の筋肉の収縮率と同じ具合に作られている。したがって、テープを貼ることで、もう1本サポート用の筋肉をつけているのと同じ効果が得られる。

【効果2】

テープが伸び縮みすることで皮膚を持ち上げて、血液やリンパの流れを良くする。テープを貼っている間、ずっとマッサージしているのと同じ効果が得られる。

薬によって痛みや症状を治すテープではなく、テープそのものが筋肉や体液の動きを良くさせようとするものなのです。

今では私にとって必須アイテムの一つとなっています。

勝てるヒント 077

ライバルに差をつける水分補給テク

私が学生のころは、「ノドの渇きは根性で補え」が主流でした。

しかし、今は「ノドの渇きは運動能力を低下させる」という考え方が常識になりました。人間の60%は、体液という水分でできています。体液には、ナトリウム・カリウム・カルシウムといった電解質が含まれていて、私たちの体にとって大切な役割を果たしているのです。

ノドが渇くのは、体液が減ったために体が水分を欲しているシグナルです。普通に生活していても尿や汗、呼吸などから1日におよそ2・5リットルの水分が体外に出ていくと言われています。

つまり、それと同等の水分を補給しなければなりません。スポーツをする際には、もっと水分が必要になります。

さらに、テニスのように激しいスポーツでは、体温の上昇を防ぐために多くの汗をかきます。そのためには当然、適量の水分を摂らなければいけません。

そのコツは、「出ていった分だけ素早く補給して、常に体の中は一定にしておく」ことです。具体的には次の2点です。

【1】試合前に250ミリリットル程度の水分を補給しておく。

【2】試合中はできるだけ「小まめに・細かく・少しずつ」補給する。

一般的に、「ノドが渇いた」と感じるときは、すでに体の中の水分が減っている状態です。だから試合前にあらかじめ水分を補給しておくことをおすすめします。そうすれば、序盤戦から良い状態で戦えるはずです。

そしてゲーム中は、チェンジコートの時間を上手く使いましょう。いつも一口、二口程度の水分を補給してベンチを立てば、ノドの渇きを感じないで良い状態で戦えるからです。

夏場の試合で、私は相手ペアの水分補給の仕方を見るようにしています。氷をいっぱい入れたクーラーポットをガブ飲みし始めたらチャンスと思っています。

暑さのせいで氷水を大量に欲するのは、体力がなくなっているサインだからです。

勝てるヒント 078

熱中症を防ぐ四つのポイント

前ページで水分補給のテクニックを紹介しましたが、それが上手くできないとどうなるのでしょうか。

実は熱中症になるリスクが高まります。夏になると、ニュースで盛んに取り上げられていますよね。テニスでも、真夏に外で長時間練習したり試合を行うと起こることがあります。

しかし、しっかりとした知識を持っていれば予防は可能です。運動能力を落とさずに済みます。

熱中症を起こさないためには、次の四つが考えられます。

【1】失った水分と塩分を取り戻す。

汗で出ていった分の水分を補給しましょう。また、汗をかくことで塩分も同時に体外に出てしまうので適度な電解質も補給してください（P161を参照）。

【2】体重で健康と汗の量を知る。

毎朝起床時に体重を測りましょう。疲労の回復状態や体調のチェックに役立ちます。またテニスをする前後に体重を測れば、プレー中に失われた水分量がわかります。

【3】ウェアは薄着で吸湿性・通気性の良いものを着る。

皮膚からの熱の出入りには、ウェアが関係してきます。暑いときには軽装にして、素材も吸湿性や通気性の良いものにしましょう。

【4】猛暑のときや体調の悪いときは休む。

同じ気温でも湿度が高いほうが熱中症になりやすいと言われています。また、暑さに体が慣れていない夏の初めや合宿の初日には要注意です。体調が悪いときは、無理をせずテニスを休むことも選択肢の中に入れてください。

勝てるヒント 079

熱中症にかかったときの応急処置

万が一、熱中症にかかったかなと感じたら絶対に病院に行くべきです。ただし、その前に応急処置をしておくと良いでしょう。応急処置の仕方を覚えておけば自分自身のためにもなるし、仲間が熱中症を起こしたときに助けることができます。

【1】熱失神（意識を突然失う。発汗が見られる）・熱疲労（皮膚が冷たく発汗が見られる）

涼しい場所に運び、衣服を緩めて寝かせます。次に、水分を補給すれば通常は回復します。吐き気などで水分を補給できない場合は、病院に運んで点滴を受けさせましょう。

【2】熱けいれん（突然のけいれんと硬直。発汗が見られる）

生理食塩水（塩分濃度0・9％）を補給すれば通常は回復します。

【3】熱射病（意識障害が起きる。体温も40度以上。発汗は見られないが皮膚が乾燥）

体を冷やしながら、集中治療できる病院へ一刻も早く運ぶ必要があります。また、いかに早く体温を下げて意識を回復させるかが予後を左右します。その意味で、現場の処置が重要です。水をかけたり、濡れタオルを当ててあおぐ方法がありますが、それでも下がらないときには、首・ワキの下・足の付け根などの太い血管のある部分に氷やアイスパックを当てる方法が効果的です。

勝てるヒント 080

指のかじかみは手袋とカイロで防ぐ

夏同様に、体調に十分に注意したいのが冬です。

この時期の試合は、寒さとの戦いでもあるからです。ケガの予防はもとより、高いパフォーマンスでプレーするために、試合前のストレッチや軽めのランニングなどを入念に行い、体を温めておきましょう。

私が試合中に一番気を使うのが指先のかじかみです。左手のかじかみはトスの乱れを生みますし、右手は微妙なタッチショットに影響が出るからです。

少し邪道ですが、私は自分のサービスゲームではないとき、左手だけ薄手で保湿効果のある手袋をしています。両手バックの方は違和感があるかもしれませんし、オープン大会では禁止かもしれません。ただし、草トーでは効果大です。自分のサービスゲームで手袋を外したときに、指先の感覚がしっかりありますし、トスも安定します。

また、右側のポケットには使い捨てカイロを入れています。ポイントの合間に、右手を温めたいからです。

これらは、あくまでも私なりの一例ですが、自分なりの指先かじかみ対策をつくっておいて損はありません。

勝てるヒント 081

寒い冬でもサーブを即全開させる方法

冬に開催される試合前のウォーミングアップで、私が最も気を使うのがサーブです。フォームが小さくなったり、肩が回らなかったりするし、どことなくスイングのリズムがギクシャクしがちになるからです。

そんなとき、私はボールを少しラインオーバーさせるくらいにゆっくり大きなスイングから始めるようにしています。そして、だんだんコンパクトで素早いスイングでウォーミングアップをしたほうが良いと考えています。

また、技術だけでなくフィジカルでも気を付けていることがあります。

私は、試合前から肩の周りに温湿布を貼っておくようにしています。肩の周りの筋肉を、より早く柔らかくしたいからです。ウォーミングアップから序盤戦の数ゲーム、少し汗ばんでくるまで貼っておくと、効果がかなり違ってきます。

試合後は、夏場の試合はもちろんですが、冬場でも肩にアイシングをしたり、冷湿布を貼るようにしています。今度は早く熱を取るようにするためです。

さらに、クールダウンのためのストレッチも忘れないようにしています。スポーツをしたために収縮して血行が悪くなった筋肉の血液循環を促し、次の日に疲れを残さないようにするためです。

湿布の力を借りたフィジカルサポート術、皆さんもぜひやってみてください。これは効きます。

勝てるヒント082

二つの症状に分かれるテニスエルボー

ラケットを握るテニスでは、手の指や腕の関節をよく使います。曲げたり伸ばしたりの繰り返しが、時に関節周りの筋肉を痛めてしまいます。テニスエルボーは「使い過ぎ症候群」の一種と言えますが、痛くなるヒジの場所は外側と内側の大きく二つに分けられます。

【外側に痛みを感じるテニスエルボー】

このタイプは初～中級プレーヤーによく見られます。特にバックハンドストロークによって、痛みを感じることが多いようです。片手バックハンドを打つときに、私達は日常ではほとんど使わない筋肉を使います。また、ボールを打つ衝撃が原因の一つになります。

【内側に痛みを感じるテニスエルボー】

このタイプは上級プレーヤーによく見られます。フォアハンドストロークやサーブが原因と言われています。より速く、より威力のあるボールを打つために回内《かいない》（前腕を内側に回すこと）を使ったり、スピンをかけることで炎症を起こしてしまうのです。

外側が痛むテニスエルボー

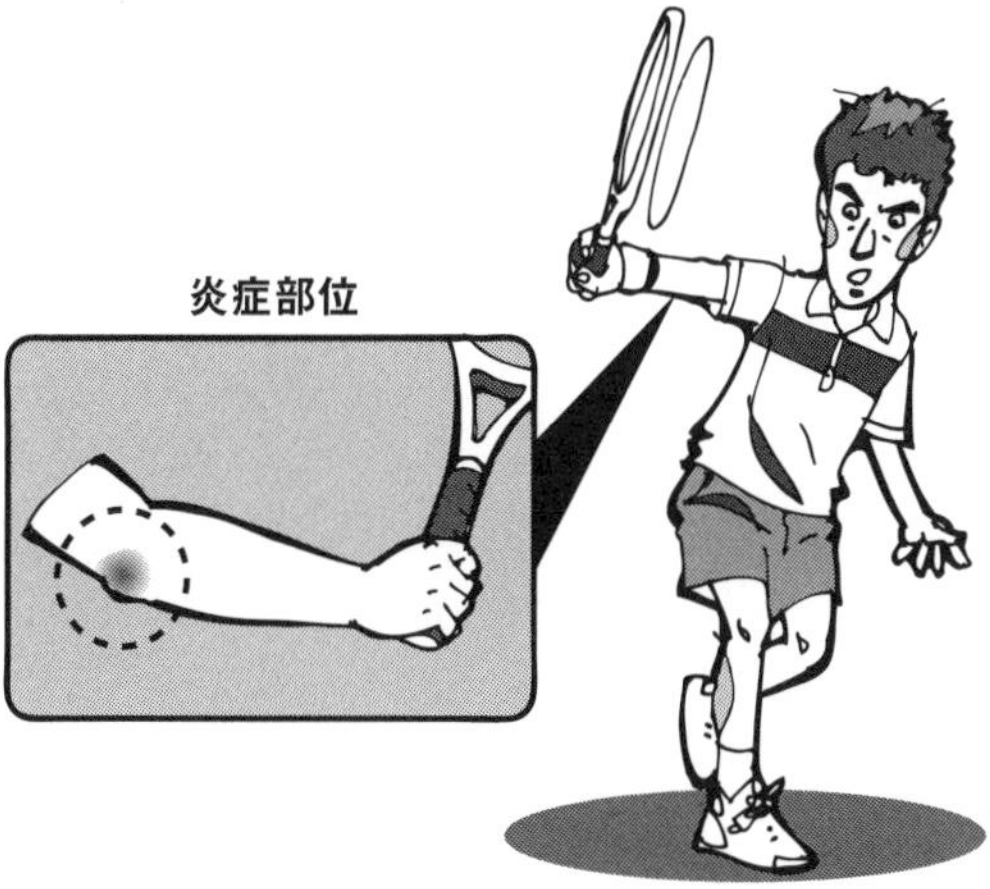

内側が痛むテニスエルボー

勝てるヒント 083

三つの簡単テストでテニスエルボーを発見する

完全にテニスエルボーになってしまうと、しばらくテニスを休まなければいけません。激しい痛みが起こる前に、なんとなくヒジが「重いな」とか「痛いな」と感じたら、簡単にできるエルボーチェックをしてみましょう。早めに気付いて、早めに治療すれば、最悪の状態は避けられるからです。

【1】手関節背屈テスト

手を握って、ヒジを伸ばした状態にします。手の甲をだれかに押さえてもらって、手首を上に返してみましょう。ヒジの外側に痛みがあれば要注意です。

【2】中指伸展テスト

指を開いてヒジと手首を伸ばした状態にします。中指を誰かに押さえてもらって、中指を上に反らしてみましょう。1と同じように痛みがあれば要注意です。

【3】イスを使ったテスト

左のイラストのようにヒジを伸ばして、イスを持ち上げようとしてみましょう。イスの代わりにアイロンやポットでもOKです。1や2と同じように痛みがあれば要注意です。

これらのテストで軽い痛みがあるようならば、アイシングや湿布、テニスエルボー専用のバンドを付けてプレーすることをおすすめします。
場合によっては早めに医師に診てもらったほうが重症にならずに済むでしょう。

1. 手関節背屈テスト

誰かに手の甲を押さえてもらう。この体勢から手首を上に反らそうとして痛みがあれば要注意

2. 中指伸展テスト

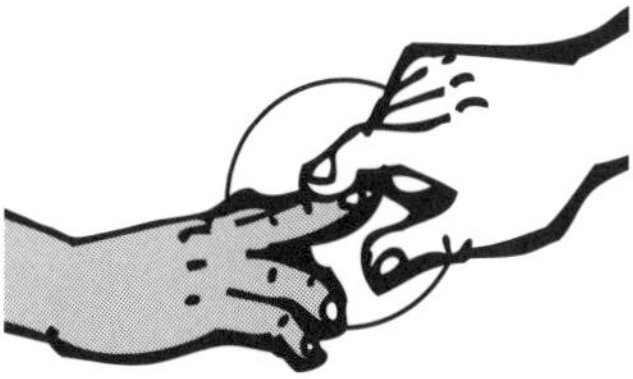

中指を上に反らして痛みがあれば要注意

3. イスを使ったテスト

ヒジを伸ばした状態でイスを持ち上げようとしてみよう。ただし、無理に持ち上げなくてOK。痛みがあるかどうかを確認できればいい

勝てるヒント 084

テニスエルボー予防はアイシング

テニスエルボーに代表される「スポーツ障害」を防ぐにはアイシングが有効です。プレー後に使い過ぎた部位や周辺を冷やすことで、炎症を素早く消して翌日の疲労を減らすことができます。

運動の後に、熱をもっている局所を冷やすと、

【1】血管を収縮させる。

【2】新陳代謝を抑える。

【3】炎症を抑える。

といった効果が見られて、テニスエルボーの予防には最適です。

では、どれくらい冷やせば良いのでしょうか。

人によって氷に対する感じ方は違いますが、一般的に次の四つのステージがあると言われています。

【1】痛い（「ジーン」とくる痛み）。

【2】温かい（短い時間だが「ポッ」とする感じ）。

【3】ピリピリする（針で突かれるような感じ）。

【4】感覚がなくなる（冬の寒い日に、つま先の感覚がなくなるような感じ）。

第1ステージから始まり、第4ステージになったら冷やすのを中断してください。しばらくたって、患部の感覚が戻ってきたときに、まだ炎症を起こしていたり、痛みがあれば再度アイシングをすると良いでしょう。

アイシングのポイントは、プレーで酷使した関節や筋肉をできるだけ早く普段の状態に戻すことにあります。炎症を起こしている状態が長ければ長いほど、疲れがたまってスポーツ障害を起こす原因になりかねないからです。

このようなアイシング以外でも、日常から予防はしておきましょう。

例えば、お風呂の中でヒジを温めながら、ソフトテニスのボールを握ったり、手首を前後左右に伸ばしたり、腕をひねったりというストレッチも大切です。

また、ヒジ周辺の筋力強化には、回数は少なくていいから腕立て伏せなどが有効です。テニスエルボーになって長い期間ラケットを握れなくなる前に、しっかりケアする習慣をつけておきたいですね。

勝てるヒント 085

ちょっとした空き時間にできる腰痛予防体操

テニスエルボー以外で痛めやすい箇所は、腰とヒザではないでしょうか。特に体の要《かなめ》に位置する腰は、スポーツをするうえで中心となる部分です。テニスでも、あらゆるショットを打つ基本となっています。

もともとテニスは利き手だけで打っていると、「一方通行の動き」が多くなります。筋肉のバランス的には良いわけがありません。背筋の左右のバランス、腹筋と背筋の前後のバランスなどが崩れると、腰周りの筋肉を痛めやすくなります。

ですからテニスプレーヤーは、左右を同じように使う水泳などのトレーニングをしたほうが良いと言われています。

それでなくても、疲れがたまっていたり、長い時間にわたって同じ姿勢のままだと腰を痛めやすいものです。少し腰が重くなってきたなと思ったら、入浴や温湿布で血行を良くしたり、腹筋や背筋をいくらか鍛えるようにしましょう。

ここでは、腰痛を防ぐ体操を三つほど紹介します。どれも簡単にできるので、ちょっとした空き時間におすすめです。

腰痛を予防する体操

**ヒザを立てて
ヘソを見るように
上体を持ち上げる**

起き上がるごとに手でヒザを軽くタッチする。ゆっくり行う。5～10回で1セット

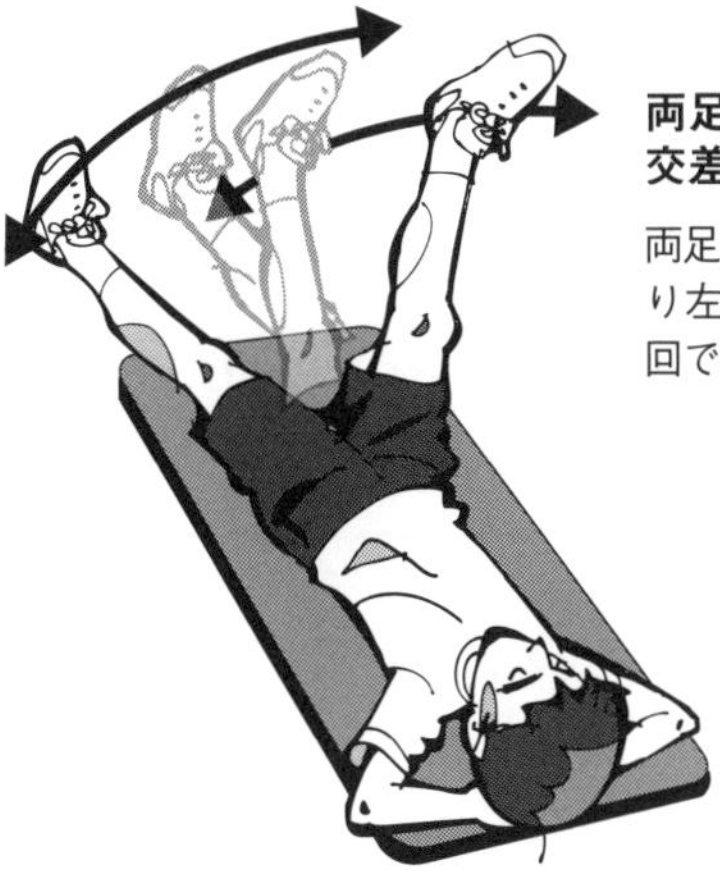

**両足を上げて
交差させる**

両足を大きくゆっくり左右に動かす。5回で1セット

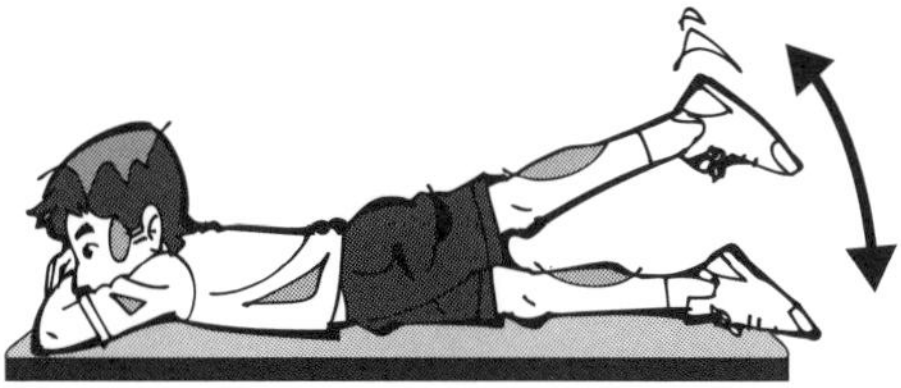

**腹ばいで
足を上下させる**

片足を伸ばしてゆっくり上下させる。5回行ったら、もう一方の足も行う。各5回で1セット

勝てるヒント086

ヒザのケアにはキネシオテープ

草トーの世界でもヒザの使い方の上手いプレーヤーがいます。

どうしてもボールの勢いやラケットワークに目がいきがちになりますが、インパクトを上手くコントロールするのに、実はヒザが重要な役割を果たしているのです。

ボールの緩急を調節したり、高さの違うボールを同じように打つときにヒザは大切な役割を果たします。車のサスペンションのような働きだと言えるでしょう。

このように、テニスの上達に欠かせないヒザですが、意外に多くの方がヒザについて知らないようです。

ヒザの関節の中には「関節液」という分泌液があり、微調整を可能にしているのです。この液によって骨と骨がなめらかに動くようになっているからです。

よく「ヒザに水がたまる」という言葉を耳にします。これはヒザの関節が炎症を起こして、関節液の分泌と吸収のバランスが崩れたときに起こる症状なのです。ひどいときは歩くことさえつらいそうです。

このようにヒザの関節を痛めないためには、日頃からヒザの周りの筋肉を鍛えておくようにしましょう。

万が一、痛めてしまったらキネシオテープで再発を防いだり、サポーターをすると良いと言われています。草トー仲間の間では、「Kallassy（=キャラシー）社」のサポーターが良いと評判です。

キネシオテープの貼り方

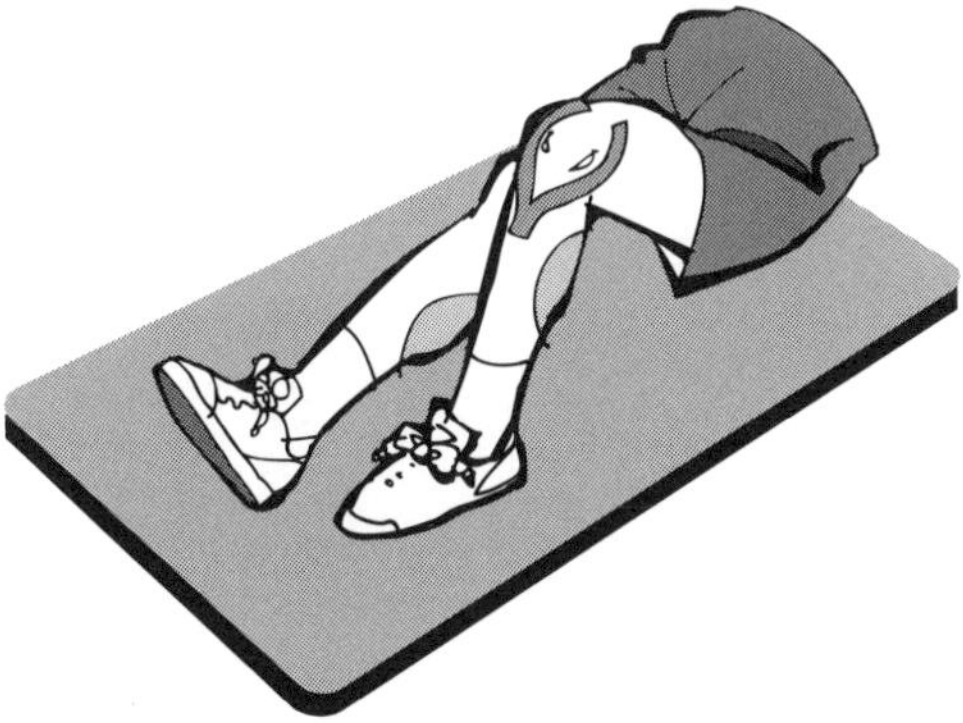

台に横になってヒザを立てる。次に、Y字テープの基部をヒザの皿の下の10センチくらいのところに固定する。Y字の部分で皿を囲むように貼る

続いてI字テープの1本をY字テープの基部に固定して、そこからヒザの外側に沿って貼っていく。もう一方のテープも同様にヒザの内側に貼っていく

勝てるヒント087

なぜ「こむら返り」が起きるのか？

あなたは、ふくらはぎがけいれんした経験がありますか。

試合中ならば、運動能力が低下しますし、症状がひどい場合はリタイアしなければいけません。

このやっかいな「こむら返り」と言われる足のけいれんで、現在わかっている原因は三つあります。

【1】ビギナーの場合

運動するための体ができていないビギナーは、筋肉や毛細血管が発達していません。したがって、運動が過度になると体の隅々まで酸素が行き届かなくなり、筋肉がけいれんを起こすと言われています。

【2】ビタミンB1不足で体に乳酸がたまった場合

エネルギーをつくり出す方法には二通りあります。酸素を使う方法と使わない方法です。ビタミンB1が不足してくると、酸素を使わない方法でエネルギーがつくられるようになります。この場合、副産物で乳酸をつくってしまい、これが筋肉をけいれんさせてしまうと言われています。

【3】カルシウム・マグネシウムが不足した場合

長時間の運動では、カルシウムやマグネシウムが汗とともに排泄されてしまいます。その結果、筋肉中の電解質不足により、けいれんを起こすと言われています。

勝てるヒント 088

こむら返りは防げる

「こむら返り」の原因がわかったところで、私なりの予防法を紹介しましょう。全部で五つあります。

【1】食事に気を使う。

日常の食事には、かなり気を使っています。不足しがちなカルシウムは、牛乳や小魚はもちろん、チーズやヨーグルト、厚揚げや豆腐などに含まれています。意外と関心の低いマグネシウムは、豆類・ほうれん草・ゴマ・バナナ・ノリ等から摂れます。また、1日あたり30品目を目安にバランスの取れた食生活を心がけていますが、なかなか難しいものです。そんなときはサプリメントで補うのが有効です。ビタミンB_1は豚肉などから摂れます。

【2】練習に変化をつける。

うっすら汗をかく程度の準備運動をしてから練習に入ります。たまには、試合時の運動量以上の内容の練習で筋肉に負荷をかけています。練習によって毛細血管のネットワークを広げて、使われている筋肉の隅々まで血液が行き届くようにするのです。

鍛えた後はクールダウンや十分な睡眠で疲れを残さないようにしています。

【3】内服液を服用する。

アミノ酸の補給には「アミノバイタル」（味の素）や「ザバス」（明治）などが効果的です。また漢方薬で「芍薬甘草湯《しゃくやくかんぞうとう》」を服用するときもあります。ともに、プレー直前と直後でOKです。

【4】キネシオテープを貼る。

私は、練習でもキネシオテープを使います（「P139」と「P156」で登場）。こむら返りの予防法として重宝しています。

【5】試合では水とスポーツドリンクを飲み分ける。

2種類のポットを持って試合に臨みます。

一つは水分補給のための水やお茶。もう一つは、電解質補給のためのスポーツドリンクです。試合内容によりますが、この二つを飲み分けています。

勝てるヒント 089

捻挫を起こしやすい人

ジャンプして着地したときや、相手に逆を突かれて体を切り返さなければならないときに足をひねった経験は誰にもあるでしょう。

「捻挫《ねんざ》」という言葉はよく聞きますが、実際にどういう状態のことを言うのでしょう。ご存じの通り、人の体にはいくつもの関節があります。その関節で骨同士を結び合わせて、なめらかに動くような役目をしているのが靱帯《じんたい》です。それが伸びてしまったり、切れてしまったケガを捻挫といいます。

捻挫は程度によって3段階に分けられます。

【第1度】靱帯がわずかに伸ばされた状態。
【第2度】靱帯が部分的に切れた状態。
【第3度】靱帯が完全に切れた状態。

捻挫は、痛めた程度によって症状は変わってきます。

一般的に第2度までならば軽くて済みますが、第3度になると手術をして6週間程度のギプスが必要になるでしょう。

そもそも人の足の形には、個人差があります。例えば土踏まずの少ない扁平足《へんぺいそく》。足首が内側（親指側）に傾いている回内足《かいないそく》。こういった傾向の足をしている人は捻挫を起こしやすいと言えます。

また、足首の背屈《はいくつ》が悪い人も捻挫しやすいタイプです。こういった人は、テニスをする前に十分なストレッチと捻挫予防のキネシオテープを貼っておくことをおすすめします。

捻挫の程度

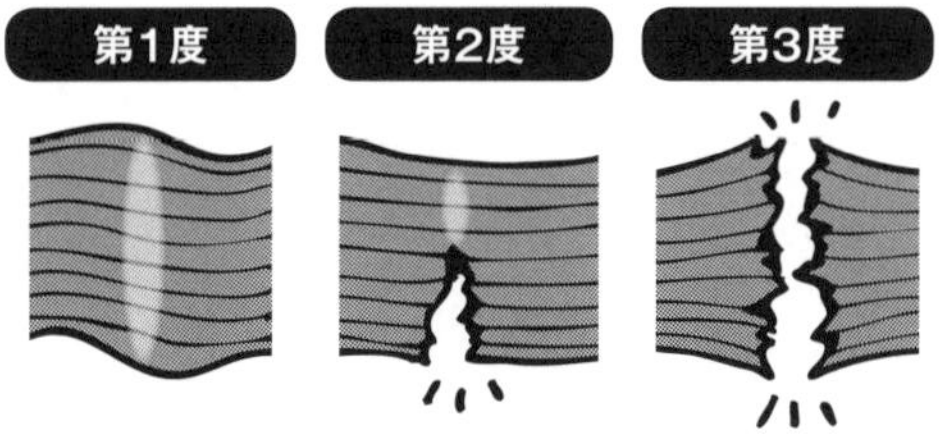

靭帯がわずかに伸びた状態　靭帯が部分的に切れた状態　靭帯が完全に切れた状態

足の形

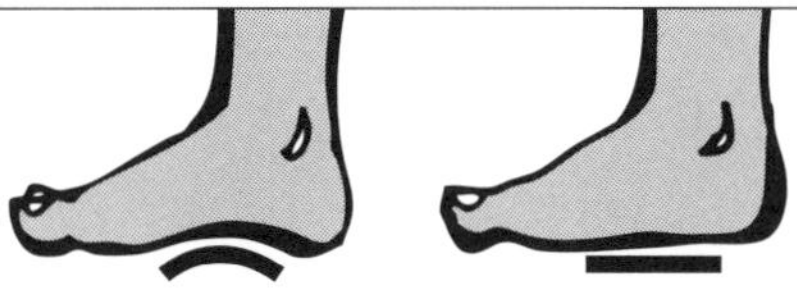

扁平足(右)は捻挫を起こしやすいと言われる。左は土踏まずのある足

足首の可動

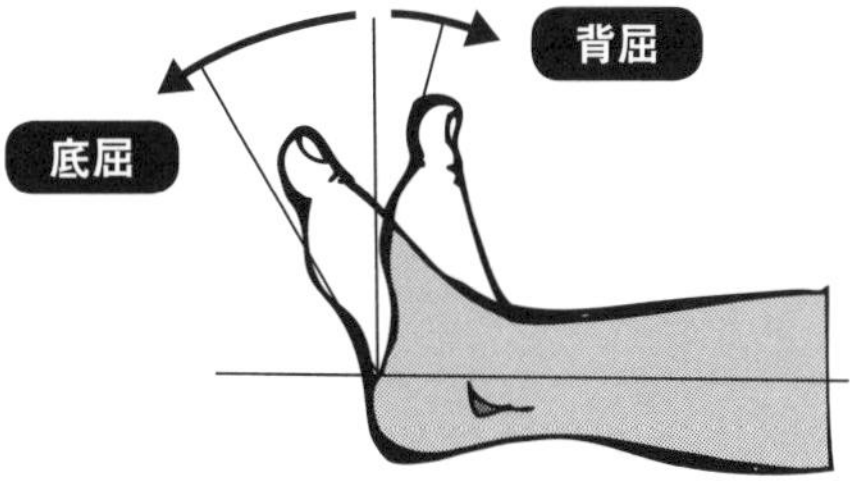

足首は上のように可動する。しかし、この可動域が狭いと捻挫を起こしやすい

勝てるヒント 090 捻挫はRICE法で対処する

スポーツによって起こるケガは、「スポーツ障害」と「スポーツ外傷」に分けられます。「スポーツ障害」とは、そのスポーツに特有の動きを繰り返すことで起こる慢性の障害のこと。例えば、テニスエルボーやサーブで肩を痛めるなどがその典型です。「スポーツ外傷」は、1回の外力によって起こるケガのことです。捻挫《ねんざ》や打撲、骨折などが挙げられます。

この中で、最も私達に起こりやすく、かつ最も注意しておくべきことは「プレー中の足首の捻挫」でしょう。しかし、万が一、捻挫をしても対処法を知っておけば、その後の回復に大きな差を生むことになります。皆さんに知ってほしいのは、RICE法です。

【R：Rest（安静）】

捻挫をしたら、すぐにプレーを中断して患部を安静にしてください。足に体重をかけないように、地面などに座って休ませます。

【I：Ice（冷却）】

患部にタオルをかけたり、アンダーラップを巻いた上から氷やアイスパックを当てます。直接肌に氷などを当てないように注意しましょう。15～20分ほど冷やし続け、足の感覚がなくなってきたら、いったん止めてください。そして、また痛み出したら、再び冷やします。これを何度か繰り返しますが、冷やし過ぎには注意してください。

【C：Compression（圧迫）】

アイシングしながら、弾性包帯を巻いたり、テーピングしてください。ただし、あまり強く巻き過ぎると血流が悪くなったり、神経までを圧迫してしまうので注意。足先の色が変わってないか、しびれていないかという点に気を付けます。適度の強さで圧迫し続けられるように自分で調節しましょう。

【E：Elevation（挙上）】

足を台の上などに乗せ、心臓より高い位置に上げます。必要最低限の血液の流れが確保できればそれでOKです。

ＲＩＣＥ法で応急処置をしてから72時間は、冷やすようにしましょう。冷湿布などを使って患部の腫れを抑えるようにするのです。腫れが治まってからは、傷ついた患部を早く治すために血液を循環させて栄養を送り込むようにします。

ケガをした4日後からは温湿布に切り替えたり、入浴によって血管を広げて血液の流れを良くすることがポイントです。

勝てるヒント 091

冷湿布と温湿布を使い分ける

同じ痛みでも、冷やしたほうが良い場合と温めたほうが良い場合があります。

そこで、積極的に使いたいのが湿布です。湿布は痛みを和らげ、炎症を鎮《しず》め患部の回復を早める働きをします。

原則として「急性の痛みには冷湿布、慢性の痛みには温湿布」と覚えておきましょう。例えば、捻挫《ねんざ》や打撲のような起きたばかりのケガは、冷やすことが先決です。患部の熱を取り、炎症を抑えることを考えなければいけません。腫れが引けば冷やす必要はなくなり、むしろ血液の流れを良くするために温湿布に取り替えます。

一方、長引いている慢性の腰痛や肩こりなどの痛みは、冷やしてはいけません。温湿布が有効です。また、温泉に入るといったように、体を十分に温めて血液の流れを良くしてあげたほうが痛みは和らぎます。

温・冷どちらの湿布でもかぶれやすい体質の人は、炎症部にガーゼをあてて、その上に貼る方法がおすすめです。患部の汗をよく拭いてから使うのがコツです。一度開封した湿布は、袋の入り口を折り曲げるなどして外気に触れないように保存することも忘れないでください。

勝てるヒント 092

疲労回復が勝負を分ける

「試合に勝ちたい」と思うと、どうしても体を鍛えることに気を取られてしまいます。しかし、私は35歳あたりからは鍛えるよりも、いかに疲れを早く取り除くかを考えるようになりました。

1日で終わるワンデー・トーナメントならともかく、週末の土・日を使うリゾートテニスや週末を使って数週間かけて行なう草トーでは、いかに疲れを残さずに次の試合に臨むかがポイントになってくるからです。体力がなくなると集中力も落ちるし、ケガもしやすくなります。

私が実践している疲れを長く残さないリラクゼーション法の中で、皆さんにおすすめしたいのが入浴です。

昔から入浴は疲れを取るために良いと言われています。疲れを取りたければ、酸素を筋肉に運ぶ血液の流れを良くしてあげればいいのです。その手っ取り早い方法が、お風呂なのです。

お風呂をうまく使って、トーナメントに勝ちましょう。

勝てるヒント 093

低温浴と高温浴を使い分ける

いつも何気なく入っているお風呂ですが、温度の違いによって心地良さも違ってきます。少しぬるめのお湯には、ゆっくりのんびり入っていたいし、熱めのお湯は気合が入るように感じます。

実際、37℃から40℃までのいわゆる「低温浴」は、体と心をリラックスさせるのに向いています。自律神経の副交感神経が優位になり、筋肉も弛緩します。

逆に、42℃以上の「高温浴」だと体も心も緊張するものです。交感神経が優位になり、筋肉は収縮します。また、自律神経の働きによって心拍数や血圧、胃腸の働きにも影響を及ぼすものです。

左の表は、「低温浴」と「高温浴」における自律神経の働きの違いを比較したものです。

1日の終わりに疲れた体を癒すのであれば、「低温浴」を。1日の始まりにシャキッとしたければ、「高温浴」をおすすめします。

それぞれの状況に応じて、この2種類を使い分けて、良いコンディションをつくってゲームに臨んでほしいと思います。特に、朝が苦手な方には効果がありますよ。

お湯の温度を使い分けて自律神経の働きを良くする

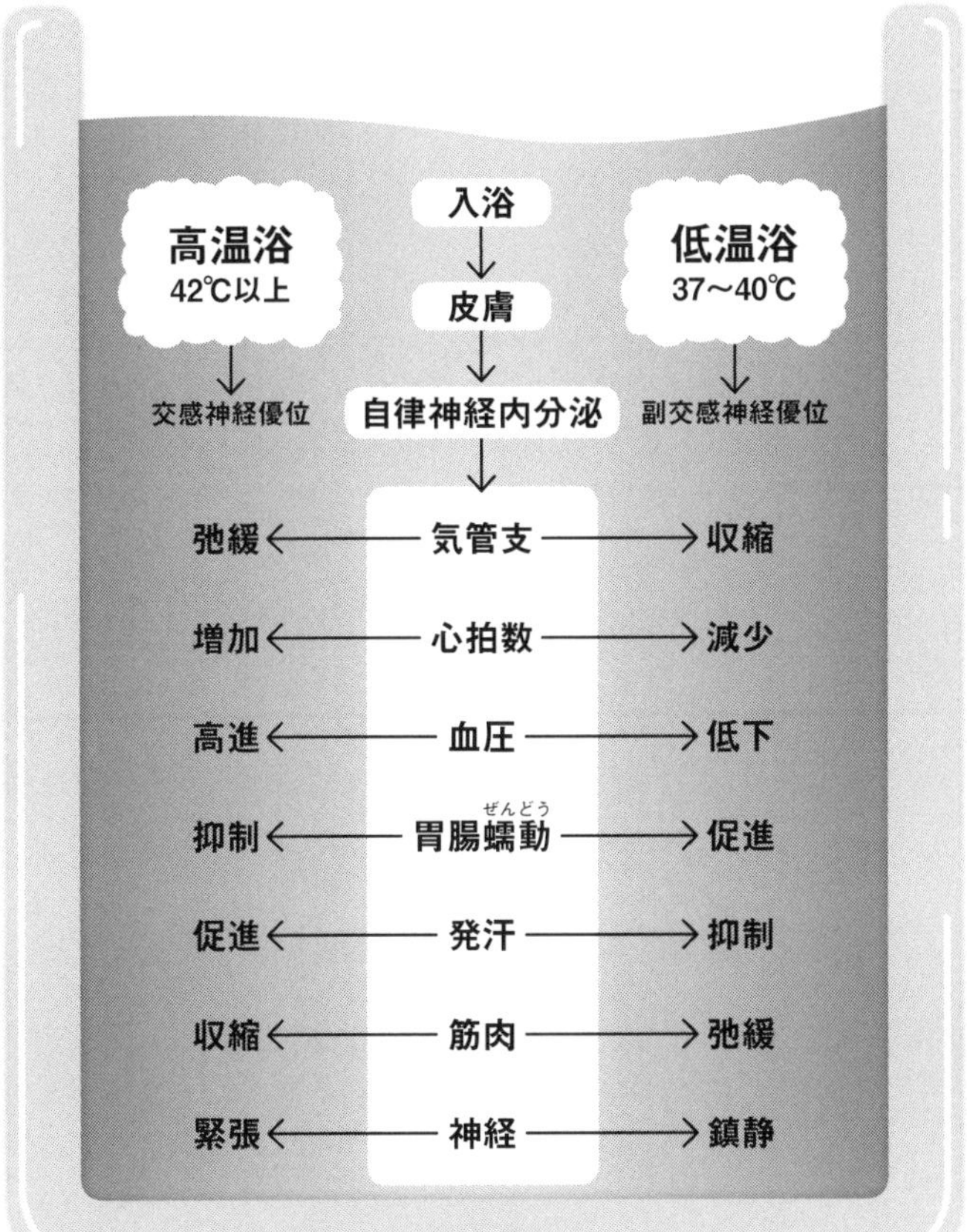

勝てるヒント 094

お湯の温かさと水圧が疲れを取る

入浴は、奥の深い世界だとつくづく思います。あなたは、なぜ入浴が血液の流れを良くするのかご存じですか。

実は、お湯の圧力（水圧）が大きく関係しています。

一般的に、湯船に浸っているときには胸囲が1〜2㎝、腹囲が3〜5㎝、足回りは1・5㎝も細くなると言われています。

それだけ体の表面に水圧が加わっているのです。この圧力は、当然血管にも作用してきます。柔らかいチューブのような血管に圧力が加われば、血液は心臓に向かって押し出されていき、血液の流れも良くなるのです。

また、お湯によって血液自体も温められて流れが良くなります。普通のお湯でも効果は十分に得られますが、温泉に行ったり、入浴剤を入れると、より効果は増すと言われています。これは、温泉や入浴剤の成分に含まれる硫酸ナトリウムが膜のように体を覆い、一度取り入れた熱が体の外に出るのを防ぐ働きをするからです。

さらに、入浴には心肺機能を高める効果もあります。

肩まで湯船に浸っていて息苦しくなったことがありませんか。これは、水圧で肺が小さくなっているうえに、横隔膜が押し上げられて肺を圧迫するからです。

　こうなると、息を吐くときは問題なくても、吸うときにはかなりの抵抗があります。体内の酸素量が減るのを防ぐために、呼吸の回数を増やそうと働いて心肺機能を高めるのです。

勝てるヒント 095

入浴中のストレッチは効果絶大

お風呂の良さのひとつに浮力があります。

例えば、いつもは自分の体重の重さを感じている筋肉も、水中では約30分の1の負担で済んでしまいます。この浮力のおかげで、お湯の中で漂っているだけでも固まった筋肉はリラックスできるのです。

私がお風呂でよくやっているのはストレッチです。

ストレッチは疲れた筋肉を伸ばすのに大切ですが、入浴中に行うとさらに効果が大きくなります。お風呂の中では、筋肉が弛緩して、筋肉自体の温度も上がっています。だから楽に伸ばせるし、筋肉に多くの酸素を送ることが可能になります。

コリがほぐれやすくなるのは、そのせいです。ただし、腰の悪い人は無理に行なわないほうが良いでしょう。

また、ピンポイントで疲れを取りたいとき、私は簡易式ホットパックを使います。

やり方は簡単。タオルを42℃くらいの熱めの湯に浸して、それを疲れのたまっているところにペタリとくっ付ければOKです。タオルが冷えたら、また温めて何度か繰り返します。コリのひどい箇所がある場合に効果的です。

効果的な入浴中のストレッチ

入浴中のストレッチは筋肉が弛緩するので効果倍増。自分でいろんな部位をストレッチしよう（ただし腰が悪い人は無理しないこと）

簡易式ホットパック

42℃くらいの熱めの湯にタオルを浸して、疲れのたまったところに乗せるだけ

勝てるヒント 096

交代浴のススメ

入浴編の最後に紹介するのは「交代浴」です。

これは家のお風呂では難しいのですが、サウナや冷水のある温泉などで私がよく行なう方法です。

最初に42℃くらいの熱いお湯（サウナでもよい）に3分くらい入ります。その後に20℃以下の冷たい水に30秒くらい入るのです。

これを交互に行なえば、血管は収縮と弛緩を繰り返してポンプのように血液を運ぶようになるので、さらに血行を良くすることができる、というわけです。

勝てるヒント 097

「歯の噛み合わせ」でレベルアップ

スポーツと噛み合わせは、密接な関係にあります。

例えば、50m走。いつも通りに走った後に奥歯にティッシュを噛んで再び走ると、ほぼ全員が0・5~1秒程度速く走れるそうです。ティッシュによって一時的に強く噛みしめることができたときに、瞬発力や集中力が高まる結果だと報告されています。

「ここ一番！」で歯を噛みしめることは、パフォーマンスの向上につながるのです。

テニスでも、ボールを打つ瞬間に奥歯に強い力がかかります。瞬時に状況判断し、素早く力強い動きが必要なときも同様です。1試合で噛みしめる回数は計り知れません。

ただし、噛みしめる力の左右バランスが悪いと、体にゆがみが生じ、痛みや故障の原因になります。結果、実力を発揮できないまま、思うような成績が残せなくなります。

このように、良い噛み合わせで強く噛みしめることは、集中力・瞬発力・持続力を高めるとともに正常な肉体の維持につながるのです。

あなたが充実した練習と実り豊かな競技生活を手にするために、歯の噛み合わせを診てもらうことをおすすめします。

勝てるヒント 098

中高年でも動体視力と瞬発力は鍛えられる

仕方がないこととわかっていますが、40歳を過ぎたころから体力の衰えを感じるようになりました。

私の場合、特に変化の大きさを感じたのが、「動体視力」と「瞬発力」です。

ネット際でのボレー・ボレー戦といった速いボールの展開に目がついていかなくなったり、相手に体勢を崩されたときに体を立て直すことができなくなったのです。「ついに体力の限界が来たか！」と痛感させられました。

そんなとき、ある新聞記事に「動体視力を良くするには眼球を動かしなさい」、「瞬発力を高めるには歩き方に注意しなさい」と書かれていました。

この記事を読んで以来、私は日常生活で次の2点に気を付けるようになりました。

【1】動体視力を鍛えるために、眼球を上下左右に素早く動かす。逆の順番でも動かしてみる。

【2】瞬発力を鍛えるために、ただ歩くのではなく親指の付け根（拇指球《ぼしきゅう》）で地面を後ろに押しながら歩く。

日常生活でも簡単にできることが、今の私には大きな力になっていると思います。

数千単位のペアと戦った経験と研究でわかった！

究極のタイプ別攻略法

第6章

実戦ですぐに効くドリル付き

勝てるヒント 099

ベースライン2バック居座りペア → 陣形を崩す

ストローク力に自信のあるタイプのペアは、ベースラインに居座って戦ってこそ良さの出るペアです。

二人でステイバックして、ストロークで攻めたり、ロブ合戦に持ち込むのが作戦です。こんなペアに対しては、相手の土俵で相撲を取らないこと。ネット近くに落ちるショットを混ぜて相手の得意とする陣形を崩すことを最優先させましょう。そうすれば、彼らのコートに多くのオープンスペースをつくることができます。

【攻略ドリル → ワンバウンド・ダブルスゲーム】

〈方法〉

・すべてのボールをワンバウンドさせて打たなくてはいけないルールでゲームをする。

・相手にノーバウンドのボレーやスマッシュを打たせると得点になる。

〈備考〉

・相手の陣形を崩すのが目的。ストロークだけでは陣形は崩れない。ドロップショットやショートアングルで相手ペアの一人を前におびき寄せよう。そうすれば、もう一人が残りの広いコートを守らなければいけなくなる。この点を利用しよう。

勝てるヒント100 完全雁行陣ペア ↓ ポーチの時間を与えない

攻めと守りの役割分担がはっきりとしている雁行陣では、相手ストロークを前衛がポーチするのが得点源です。

ならば、相手前衛にポーチする時間を与えないようにすれば、攻撃力を失うことになります。そのためには、二人でネットに詰める作戦が面白いと思います。ネットに詰めることで相手前衛との距離が近くなり、容易にポーチには出られなくなります。ポーチできない相手前衛は、ただ単にボレーの的でしかありません。

【攻略ドリル ↓ ノーバウンド・ダブルスゲーム】

〈方法〉

・サービスリターン以外のショットは、コートにバウンドさせない。ボールをワンバウンドさせると失点というルールでゲームをする。

〈備考〉

・サービスダッシュとリターンダッシュを磨く練習になる。

・自分のパートナーと二人で同時にボールを追いかけないこと。自陣にオープンスペースをつくらないようにしよう。

勝てるヒント101 ネットでしこる並行陣ペア→対角線の配球

草トーにも二人でネットに張りついて、壁のようにボレーしてくるペアがいます。破壊力はないけれど、ほとんどミスをしないタイプです。正しいポジションを取ってくると、オープンスペースは非常に少なく、1本のショットではなかなか抜けないものです。

1球でダメならば、2球1セットで対角線の配球で攻めましょう。1球目と正反対になるようなボールを2球目で打つのです。ラケット面の操作能力を身に付けられる練習で磨きましょう。サービスラインとベースラインの間のデッドゾーンで行います。

【攻略ドリル→デッドゾーンのみのボレーゲーム】

〈方法〉

・両コートのデッドゾーンだけを使って、深いボレー対深いボレーでダブルスをする。

・ボールをバウンドさせると失点。デッドゾーン以外に着地したボールはアウトとする。

〈備考〉

・ラケット面の操作能力を磨くのが目的。いろんな打点で打てるボレーやコースを深く狙えるボレーを身に付けることができる。ちなみに、「デッドゾーンを制する者はゲームを制する」と言われる。

勝てるヒント 102

リターンの強烈なペア→ファーストボレーをイメージする

強烈なリターンを持っていると、プレーの前から相手サーバーにプレッシャーをかけることができます。サーバーにとってはイヤなタイプです。

このようなレシーバーと対戦するときには、チャンスの場合とピンチの場合の２パターンのファーストボレーをイメージしてからサーブを打ちましょう。レシーバーが強烈なリターンを打つには、大きなテイクバックが不可欠なので予測しやすいはずです。

また、ファーストボレーの能力を高めるには、次のドリルがおすすめです。ぜひ取り組んでみてください。

【攻略ドリル→アンダーサーブ&サービスダッシュゲーム】

〈方法〉

・すべてのプレーをアンダーサーブ&サービスダッシュのルールでゲームをする。

〈備考〉

・ファーストボレーを強化するドリル。アンダーサーブには威力がないので、強烈なリターンが返ってくる。サーバーは前進してミスを犯さないようにファーストボレーを打つ。

勝てるヒント 103

サーブの強烈なペア ↓ ライジングリターンを返す

サーブが強烈だからといって、ベースラインより下がってリターンするのはNGです。サーブの角度が広がるので、ますますリターンを返せなくなります。

相手の速いサーブを逆に弱点とさせるには、ライジングでリターンを打つことです。サーブが速い分だけリターンが早く返っていくので、サーバーがネットに詰める時間がなくなります。

ライジングリターンのコツは二つ。一つは、相手サーバーが打つ間際にコート内に1歩踏み込むこと。もう一つはボレーのようなコンパクトなスイングで打つことです。

【攻略ドリル ↓ ダブルスエリアから外に踏み出してはいけないゲーム】

〈方法〉

・サーブが打たれた後は、4人全員がダブルスエリアから一歩も外に出てはいけないルールでゲームをする。

〈備考〉

・相手の速いボールをライジングで返球する練習になる。

・角度を付けたボールを返球する練習になる。

勝てるヒント 104

リターンダッシュしてくるペア→ファーストボレーをセンターに

サーバー側にとって、リターンダッシュされるのはイヤなものです。相手が二人ともネットに詰めて来てプレッシャーをかけてくるからです。

そのようなときには、「ファーストボレーはセンターに打つ」と決めておけばミスは減ります。もっと余裕のあるときは、ダッシュしてくるレシーバーの上にロブボレーを打てると効果は大きくなります。

いずれにしても、プレッシャーに負けずに相手を揺さぶるには次のドリルをおすすめします。エリアを小さくすることで、コントロール力が身に付くからです。

【攻略ドリル→シングルスコートでダブルスゲーム】

〈方法〉

・シングルスエリアを使ってダブルスのゲームを4人でする。

〈備考〉

・ボールコントロールを磨く練習になる。ボールをセンターに集めて、少しでも相手コートにオープンスペースをつくること。

・アレーを守らなくていいので積極的にポーチに出よう。

勝てるヒント 105

リターンミスの少ないペア ↓ サーブを体の正面に打つ

そこそこのサーブならほとんどリターンをミスしない。そんなペアもいます。攻撃的なリターンを持っていないけれども、抜群の安定性を誇っているのです。

こんなペアに対しては爆発力のあるサーブが一番です。しかし、もしそういったサーブを持っていないなら、中途半端にフォアやバックを狙うよりも、相手レシーバーの体の正面にサーブを打つことをおすすめします。ボールと体の距離感が取りにくく、十分なリターンが打ちにくいからです。

それでもまだ堅実なリターンをしてくるならどうするか。その堅実さを逆手に取って、パートナーにポーチに出てもらいましょう。

【攻略ドリル ↓ タイブレーク】

〈方法〉

・7ポイント先取のタイブレークを行う。

〈備考〉

・目的はサービスポイントのキープの仕方を覚えること。

・前衛はポーチばかりではなくフェイントも使って味方のサーバーを助けよう。

勝てるヒント 106

ショットは変だけど試合巧者ペア → 先手を取る

クラブテニスプレーヤーに多いタイプです。スキを見せるとたたみ込んで攻めてくるし、余裕を持たせると何をしてくるかわかりません。

このタイプには、ポイントで余裕を与えないように先手を取るのがコツです。そのためには、勝負のタイミングを早めるように「ノーアドバンテージ」でゲーム練習しましょう。最近は、草トーでもノーアドの試合が多くなってきています。このドリルで、40（フォーティー）を早く取るにはどうすればいいかが理解できます。

【攻略ドリル → ノーアドバンテージ・ダブルスゲーム】

〈方法〉

・デュース（40－40）になったら、次の1ポイントを取ったチームがそのゲームを取る。
・デュース（40－40）になったら、サイドはリターン側が選べることにする。

〈備考〉

・40（フォーティー）を早く取れるような戦い方を身に付けるのが目的。
・ノーアドでの戦い方も身に付く。

勝てるヒント 107 一人狙いをしてくるペア→相手のコースを絞ってポーチ

ショットを集中して一人を狙う作戦は、ダブルスの常套手段です。強豪ペアほど、「自分たちは二人で相手は一人」という状況をつくり出すのが上手いものです。

しかし、この「一人狙い」は打つコースを相手に読まれやすいという弱点があります。相手は一人に向かって打つわけですから、相手から打たれるコースは容易に予測できます。

相手の打つコースが絞れれば、ポーチには出やすいものです。だから、ポーチに出るまでパートナーには耐えてもらう信頼関係がなければいけません。

ドリルに取り組んでパートナーと確かな信頼関係を築きましょう。

【攻略ドリル→パートナーとの会話なしゲーム】

〈方法〉

・パートナーと一言も話をしてはいけないルールでゲームをする。サインプレーもNG。

〈備考〉

・パートナーとの信頼関係を築くのが目的。プレー中にパートナーが何を考えているかを感じ取ろう。

・パートナーに依存し過ぎないようになれるメリットもある。

勝てるヒント108

実力差のあるペア→弱い一人を狙う

実力差のあるペアに対しては、当然のことながら弱いプレーヤーに集中攻撃をかけます。これはダブルスの常套手段であり、「一人狙い」は立派な作戦なのです。

相手ペアの弱いほうのプレーヤーは「味方のパートナーに対してすまないな」と思うし、強いほうのプレーヤーはストレスがたまってきます。

ただ、この作戦を実行するには、自分が打ちたいコースに打つのではなく、ゲームの組み立てを考える頭脳が求められます。

【攻略ドリル→ビリヤード・ラストボール式ダブルスゲーム】

〈方法〉

・自分たちが最後にポイントを取るコースを宣言してからプレーする。

・宣言通りに決めれば2ポイントもらえる。それ以外は通常の1ポイントとする。

〈備考〉

・組み立てを考えるクセをつけるのが目的。打ちやすいコースや決めやすい球種ばかり打たないで、新しい技術にチャレンジして技術の幅を広げよう。

・最後に決めるイメージから逆算してプレーを組み立ててみよう。

勝てるヒント 109

威嚇してくるペア→2ポイント連取する

小さなことで大げさなガッツポーズをするペアがいます。そんなペアとの対戦は楽です。「そこまで追い詰められているのか」と改めて確認できるからです。

しかし、このタイプは一度調子づかせると面倒くさいのも事実です。そうさせないためには、相手がイージーミスをした次のポイントを全力で取ります。ミスをきっかけに2ポイント連取されると、心理的にダメージを受けて一気に静かになるものです。

【攻略ドリル→チャンピオン・ダブルスゲーム】

〈方法〉

・リターンサイドをチャンピオン、サーバーサイドをチャレンジャーとする。

・チャレンジャーはデュース&アドコートで2ポイント連取したらチャンピオンとなり、リターンサイドにつく。デュースコートで失点したら待機しているペアと交代。デュースコートで得点してもアドコートで失点すれば、やはり待機しているペアと交代。

〈備考〉

・2ポイント連取の練習に最適。チャンピオンが2ポイント目のアドコートで失点したら陥落。精神面も鍛えたいなら、アドコートに入る。3ペア以上で行おう。

勝てるヒント 110

サービスブレーク成功への道①

テニスでは、「サービスキープは試合に負けないためであり、サービスブレークは試合に勝つためにある」と言われています。実際、草トーの強豪は必ずと言っていいほど個々にリターン力があり、ペアとしてのブレーク力に長けています。

そこで、あなたにもブレーク力をつけてもらうために、相手のサービスゲームを四つのタイプに分け、それぞれの攻略法を紹介したいと思います。

【強烈なサーブを打ってくるペア → ストレートロブのリターンを多用する】

このタイプの相手サーバーは、サービスキープに自信を持っています。自分なりにサーブからファーストボレーまでのイメージをつくって、そのリズムを体で覚えています。ですから、普通のクロスリターンだけでなく、ストレートロブのリターンも混ぜてください。相手サーバーに動きながらファーストボレーをさせれば、サービスブレークのきっかけをつくりやすくなります。

また、ストレートロブに対して相手前衛が拾いに行くケースが多いなら、ストレートアタックのリターンを混ぜましょう。相手前衛は動けなくなります。

勝てるヒント 111

サービスブレーク成功への道②

【サーブをセンターに集めてくるペア → スライスリターンで逆クロスのアレー狙い】

このタイプの相手ペアがネットダッシュして来たら、アレーを狙って逆クロスのスライスショットを打ってみましょう。

サーブをセンターに打ってネットダッシュして来る相手サーバーは、センターのリターンか味方前衛の頭上をケアしているものです。そこに来る確率が高いからです。そこを、あえてサイドに、しかもスライスでリターンを返すのです。この結果、相手サーバーのタイミングを外すことができます。

レシーバーが気を付けたいのはボールのスピードです。

センターに打つなら速いボールのほうが良いのですが、アレーを狙うときはボールのコントロールが求められます。ですから、スピードを落として相手にバックのローボレーをさせるつもりで打ってください。1本で相手を抜く必要はありません。テイクバックを小さくして、上向きのラケット面をヒザで運ぶように打つのがコツです。

勝てるヒント 112

サービスブレーク成功への道③

【サーバーが左利きのペア ↓ センターベルトの上を狙ってリターン】

ただでさえイヤな左利きのサーブ。まともに戦っても勝ち目は少ないでしょう。

そこで、おすすめしたいのがコンパクトなスイングのリターン。加えて、ネットの高さが最も低いセンターベルトの上を狙ってください。左利きのサーブに対しては、ともかく1本返すことを目標にするのです。相手にファーストボレーをさせれば、左利きも右利きもさほど変わらなくなります。

また、センターベルトの上を狙うことで結果的に相手サーバーの足元にボールを沈めることになります。

誰もが左利きのサーブをイヤがりますが、この苦手意識は経験を積むごとに小さくなってくるというのが私の実感です。苦手な方は左利きのサーブに慣れていないだけで、バウンドした後の軌道がイメージできていないのだと思います。

特にスピンサーブは自分に向かってくるように見えますが、バウンド後は自分から逃げていくように弾みます。このイメージができれば大丈夫。あとは、1歩踏み込んでフォアのライジングを打つか、ツーバウンドする間際まで引き付けて振り抜くかです。

勝てるヒント 113

サービスブレーク成功への道④

【二つのサーブにスピード差があるペア → セカンドで味方前衛のポジションを変更】

サーブに自信のないプレーヤーほど、ファーストとセカンドのスピードに差が出るものです。単に当てて入れるだけになりやすいセカンドを、リターンで攻撃することは難しいことではありません。

さらに、レシーバー側の前衛は構えるポジションを通常よりネットに近付けてください。この作戦を実行すれば、サーバーに与えるプレッシャーは計り知れません。相手サーバーは、厳しいリターンをなんとかファーストボレーできたとしても、クロスに返すのが精いっぱいのはず。そこをすかさずポーチに出るのです。

相手サーブをブレークするためには、レシーブサイドがいろんなことを仕掛けてプレッシャーをかけることが大切です。

セカンドサーブに自信のないサーバーにとって、ファーストボレーまで気を使わないといけないとなれば、二重のプレッシャーからダブルフォールトで自滅するケースさえ生まれてくるでしょう。

第7章

試合中の負けムードを払拭する

即効トラブル脱出法

ストロークでネットミスが多くなる

勝てるヒント114 「～しよう」という考え方に切り替える

試合中に急に調子が悪くなることは、誰にでもよくあることです。そんなときに、自分なりの修正の仕方がないと、ズルズルとポイントを失ってしまいます。以前は私も経験しました。そのたびに痛い思いをしたものです。ここでは、それらの経験を元に編み出した私なりのトラブル脱出法を紹介していきましょう。

最初はネットミス。このミスをし始めると、「次はネットしちゃいけない」と自分を追い込みがちです。しかし「～しないように」と思えば思うほど、プレーは消極的になり、ますますネットミスをしてしまいます。まさに悪循環！

そんなとき、私は「次はフォロースルーを大きくしよう」と思うようにしています。「～しよう」と積極的な考え方でプレーすれば、不思議と動作も伸び伸びとしてきます。

勝てるヒント 115 「ネットよりはマシ」と振り切る

萎縮して小さなスイングになったり、手打ちで相手コートにボールを入れにいっては次に何もつながりません。

なぜなら、テニスは「遠くへ飛ばすことができること」や「速いボールが打てること」が最大の武器になるからです。この武器を活かしてこそ、自分のテニスが上達するというものです。

もしもボールがオーバーしてしまうなら、下から上へのスイングを強く意識して回転量を増やしましょう。フラット系のボールが持ち球の人は、スタンスを広くして腰の位置を低くして打つことをおすすめします。

今までと同じように振っていても、オーバーミスのまま。自分なりの修正ポイントを意識して「ネットするよりはマシ」と振り切るようにしましょう。

勝てるヒント 116 厳しいコースは不要と割り切る

試合中に、相手前衛へのパッシングショットやアングルショットがサイドアウトし始めたらどうしたらいいでしょうか。

これは「相手にボールを取られてはいけない」と思うあまり、狙うコースが厳しくなり過ぎている証拠です。

逆の立場に立ってみましょう。例えば、あなたがネット前に構えている前衛だったとします。そして、相手レシーバーが勢いのあるストレートリターンを打ったら、あなたは素早く反応してボレーでエースにできますか。とても難しいと感じるはずです。

ですから、自分でストレートパスを打つときには、リスクを伴いながら厳しいコースを打つ必要はないのです。「相手に触られてもいい」くらいの気持ちで打ったほうが良い結果を生みます。

かすれ当たり・フレームショット・空振りが出始める

勝てるヒント 117 意識的に細かく足を動かして打点に入る

試合中にかすれ当たりやフレームショットが出始めたら、手打ちになっていると思って間違いありません。

「この1球で決めたい！」とか「この試合は勝ちたい！」と気負い過ぎると、足が止まって上半身だけのプレーになってしまいます。

また、自分の打つボールの行方が気になるあまり、打つ直前に相手コートを見てしまうときもあります。これでは、インパクトでボールをスイートスポットに当てられません。

こんなとき、私はいつも以上に小刻みに足を動かす意識を持つようにしています。こうすれば正しい打点に動けるようになるし、フットワークに意識を散らすことで、過度な力みも解消されます。

「まともに当たっていない！」と感じたら、まずは足を動かしてみることです。

相手サーブをリターンミスするようになる

勝てるヒント 118 ステップでサーバーとシンクロする

相手サーバーにコースや球種で揺さぶりをかけられて、リターンが返らなくなることがあります。

私は、基本に戻って相手サーバーのリズムに合わせて打つようにしています。

具体的には、サーバーがフォワードスイングを行なうタイミングに合わせてスプリットステップを踏むのです。サーバーのテイクバックからラケットを振り上げるときに両足を軽くジャンプすると良いでしょう。いきなり飛んで来るサーブを打たなければいけないリターンは、スプリットステップを意識してサーバーのリズムとのシンクロ（＝同調）を計るべきです。

リターンは、相手のサービスゲームをブレークするきっかけを生む重要なショットと言えます。相手サーブに負けないために、スプリットステップに注目しましょう。

ダブルフォールトが多くなる

勝てるヒント119 **割り切りに徹する勇気を持つ**

サーブで振り切れなくなって、ファーストはもちろん、セカンドまで入らなくなる。これは、勝ち負けを意識し過ぎて体がぎこちなくなってしまうのが原因です。

このようなとき、私は「力を加減したセカンドサーブを打つくらいならば、相手のバックを狙ったアンダーサーブのほうがマシ」と考えるようにしています。不安を抱えながら打つよりも、「相手に打ち込まれさえしなければＯＫ！」くらいに割り切って打ったほうがメンタル的にも健全だからです。

さらに確実なプレーを考えるならば、振り切ったセカンドサーブをファーストサーブとして使うようにしましょう。ダブルフォールトがみるみる減っていくはずです。

振り切って打てるメンタル状態に戻るまで、こういった割り切りに徹する勇気もトーナメントを勝ち抜くには必要です。

勝てるヒント 120

リズムを活用して基本の動きを取り戻す

ビビって足が動かなくなると、ボレーは手打ちになってしまいます。その結果、ボールをコントロールできなくなります。こんなトラブルから脱出するために、私が注意しているのは次の二つです。

【1】ラケット面のセットを早くする。

相手ボールが飛んで来る延長線上に、早くラケット面をセットします。ラケットを引き過ぎずに、体の斜め前に素早くインパクト面をつくるのです。

【2】フットワークを特に意識する。

この状況では、おそらくスプリットステップも踏んでいないでしょう。そこで、リズムを活用します。私はスプリットステップ↓軸足を動かす↓もう一方の足を踏み込んで打つ、というように「1・2・3」のリズムで打つように意識しています。

勝てるヒント121 自信を持って打てるようになる二つの魔法

ビビり始めたときに、最も影響の出るショットがスマッシュです。ミスが怖くて打てなくなるし、体も動かなくなります。

そんなとき、私は二つの「魔法」を実行しています。

一つは気持ちの整理。自分自身に言い聞かせて冷静さを取り戻します。

「ポイントを取るには、スマッシュは打たないといけないショットだ」。

「するべきことをしてミスしたら仕方がない」。

「こんなにネットに近くて、高い打点で打つのだから入らないわけがない」。

もう一つはフットワークを意識することです。

足が止まると打点が頭の後ろになりがちです。だから小刻みに足を動かして、おでこの前あたりでボールを打てるように体を動かすようにしています。

思い切ったプレーができなくなる

勝てるヒント 122 パートナーと話し合って迷いを断つ

ポーチに出ようとするときにふと「ミスをするんじゃないか？」と疑い始めると、なかなか出ることができなくなるものです。

私は、「こんな局面で相手は私に向かってストレートリターンなんか打てない」と思い込むようにしています。気が楽になって迷いが生じなくなります。要は、気持ちの問題なのです。

それでも心配ならば、あらかじめパートナーと動き方について打ち合わせをしておきましょう。例えば、二人でサイドチェンジすることを前提にポーチに出るという具合です。ポーチに出るプレーヤーは安心して踏み出せると思います。

強豪ペアは、必ずと言っていいほどポーチで相手にプレッシャーをかけてきます。あなたも思い切ったプレーで、逆に相手をビビらせましょう。

ゲームを連取されている

勝てるヒント 123

パートナーと過去の展開を思い出す

試合中にゲームを連取されたらどうするか。焦ってしまいがちな状況です。

この場合、原因を突き止めることが先決です。

例えば、次のゲームが相手のサービスゲームならば、相手サーバーの球種やスピードを自分のパートナーと二人で思い出しましょう。逆に自分たちのサービスゲームならば、2ゲーム前と4ゲーム前に行われた自分たちのサービスゲームの展開を二人で思い出してからプレーに入ってください。

自分たちの得点パターンと失点パターンが整理できれば、このままズルズルとゲームを連取される展開になる確率も低くなります。

また、忘れてならないのはコートチェンジの際の休憩。一息ついて心身ともにリセットしてからプレーに入りましょう。

攻めているのにポイントが取れない

勝てるヒント 124

基本に戻ってセンターを攻める

自分たちがどこに打っても、相手ペアの守備範囲になっていることがあります。こちらのリズムに相手のポジショニングがピッタリ合っている状況です。こんなときは、無理な力勝負を挑んでも何も解決しません。むしろ自分たちが失点する可能性が高まります。

それよりも、センターに1本打ってみてください。

相手ペアをセンターに寄せることができれば、相手コートの両サイドにオープンスペースが生まれます。あるいは相手ペアが二人ともボレーを打ちにセンターに寄るかもしれません。さらに、どちらも打たない「お見合い」をしてくれればしめたもの。相手のコンビネーションを崩せる可能性が生まれてきます。

思うようにポイントが取れないときは、ぜひセンターを攻めてください。

防戦一方で自分たちの戦い方をさせてもらえない

勝てるヒント 125 執拗なロブで相手の攻撃リズムを崩す

相手サーバーがサーブ&ボレーのパターンで、こちらが何もさせてもらえないときがあります。相手のファーストボレーが面白いように決まっているという感じです。

こういう相手に対して、私は相手の攻撃リズムを崩すように心がけています。

このケースを考えてみましょう。相手サーバーはサーブを打ったら前進してクロスリターンをファーストボレーで打っています。

そこで、私はストレートロブのリターンを上げるのです。相手サーバーは異なる方向に動いてファーストボレーを打たざるを得なくなり、少しリズムが変わってきます。

私は1ゲーム中にロブを3本上げることもあります。そうすると、これまで良いリズムで打っていた相手サーバーが変調をきたすようになります。

ロブは使い方次第。相手の攻撃リズムを崩すこともできるショットなのです。

あまり上手そうに見えない相手に苦戦している

勝てるヒント 126

目の前のポイントに集中する

色白でラケットは1本しかなく、打ち方もぎこちなく上手そうに見えない。だけど試合では強いというプレーヤーは、草トーにはいくらでもいます。

多くのプレーヤーは、相手の見た目で判断して油断しています。その結果、押されて「どうして自分たちが苦戦しているの？」と焦ってしまうのです。

私は、こういった先入観や油断を少しでも感じたときに「相手がアウトしたボールもすべて走って拾う」くらいに、気持ちを強く持つようにしています。

そして、目の前の1ポイントに集中するようにしています。

相手の実力に負ける前に、自分の油断やおごりで負けるほどもったいないことはありません。あなたも、十分に気を引き締めてプレーに臨んでください。そうすれば、苦戦なんてしないはずです。

勝てるヒント 127

「相手は上手そうだから」と勝負を諦めてしまう

相手の見た目に萎縮しないで弱点を探す

多くのプレーヤーは、相手の日焼けした肌や本格派のウェア、あるいはラケットの本数などの強そうな外見に萎縮しがちです。また、シード選手というだけで相手を過大評価しているようです。

私の経験では、自分たちが第1シードのついた大会を優勝することは大変難しい。勝って当たり前のムードの中、最後まで勝ち抜くのは心理的に容易でないからです。

だから強豪と対戦するのはチャンスと思ってください。もし仮に誰の目にも明らかな実力差がある場合でも、自分たちの全力プレーがどこまで通用するのかチャレンジしましょう。ステップアップのための課題を見出だす良い機会です。そのために、相手の見た目に委縮しないで弱点を探す努力をしてください。

圧倒的に強そうな相手でも必ず弱点はあります。

コンビネーションが上手くいかなくなる

勝てるヒント 128 ポイント間に必ず会話をする

負けているときや自分たちのプレーができていないときは、どうしても会話が途切れがちです。パートナーのミスが気になりだしたら、もう危険信号と言っていいでしょう。

こんなときは、1ポイントずつ区切って会話をする場をつくるべきです。「目の前の1ポイントをどう取るか?」を二人で話し合ってください。アイデアが浮かばなければ、雑談でもOKです。そして、お互いに責任を持って自分のプレーを行うことを改めて心がけましょう。

一人ひとりがシングルスのようなプレーをしている状況を立て直していくことで、再び信頼関係は生まれます。

ダブルスは会話がとても重要です。二人の間に会話がなければ、状況は何も変わりません。

勝てるヒント 129

ポイント間の動作に時間をかける

負けているときや相手のペースで試合が流れているときは、動作が早くなるうえに体の動きは小さくなるものです。

例えば、あなたはネットにかけたボールを足早に拾って、すぐに相手サーバーに返球したりしていませんか。こちらのリターンの準備ができてから返球しても遅くないにもかかわらず。あるいは、自分がサーバーのときに打つまでの時間が短くなっていませんか。

こんなときは、動作に時間をかけることです。

サーブを打つ前にボールを3～4回ほど地面に突いたり、深呼吸したり、軽くジャンプしてください。このような自分だけのルーティーンワーク（単純な動作を繰り返し行うこと）をこなしてから、サーブを打つなりリターンの構えに入ってください。落ち着きを取り戻すことができて、冷静に状況を把握できます。

「勝ちたい！」と思うあまり足が動かなくなる

勝てるヒント 130 自分にご褒美をあげる

「勝ちたい！」、「負けたくない！」という気持ちが過剰になると、視野は狭くなるし、足は動かなくなるものです。

精神的に余裕がないとき、私は上手く気を散らすようにしています。そもそも1試合の間に、一度も集中を切らすことなくプレーするのは不可能と言っていいでしょう。むしろ、適度に気を散らすから、ここぞというときに集中できるのです。

私は深呼吸して空を見上げる方法をよく実践していますし、「この試合に勝てば焼き肉を自分にプレゼントしよう」なんて考えたりもします。こうすることで、気を散らしつつモチベーションのアップを図るのです。

皆さんも、試合に勝ったら自分にご褒美をあげてはいかがでしょうか。勝負に対するプレッシャーを過度に感じることがなくなります。

スコアはリードしているのに相手のペースで進んでいる

勝てるヒント 131

プレーの始まりを大切にする

試合の流れほど恐ろしいものはありません。

こちらの流れのときは、どんなショットを打っても決まる気がします。しかし、いったん流れが変わると状況はガラっと変わります。今度は、どんなショットを打っても上手くいかないものです。

もし仮に「勝利の女神」がいるとすれば、どうも彼女は謙虚なプレーを好むような気がします。

私は、スコアはリードしているものの、流れは相手ペアにあると感じたら試合を組み立て直すようにしています。具体的には、ファーストサーブ、ファーストボレー、ファーストリターンといったプレーの始まりを大切にしています。

そうすれば、5－0からまくられるという悪夢のようなことはなくなります。

相手前衛の動きが良くて打ちたいところに打てない

勝てるヒント132

取られてもいいからストレートに1本打つ

相手前衛が自由に動き回って、自分たちは打ちたいところに打てないことがあります。相手前衛の心理は「ストレートには打ってこない」と思っているか、「打たれても構わない」と割り切っているはずです。

こんなときは、ポーチを怖がって逃げているとミスを犯してしまいます。そして、このミスは単純にポーチを決められたとき以上に自分たちに心理的なダメージを与えます。

ならば、思い切ってストレートに1本打ってみましょう。サイドアウトしても相手前衛に取られても一向に構いません。

なぜなら、「いつでもストレートに打つ用意がある」という自分たちの意思を相手前衛に伝えることができるからです。相手前衛は警戒するようになり、これまでのように自由に動くことができなくなります。

ミスをするのが早くなる

勝てるヒント 133

2種類のボールを使い分ける

試合の中で、ミスをするのが早くなってきたと感じることがあります。

それは、自分たちが焦って、つなぐべきときに攻めているからです。

よく言われる言葉ですが、「テニスは相手より1球多く返せば勝てるスポーツ」。つまり、相手にとってイヤなことは、エースを決められることではなく粘られることなのです。ミスが早くなったということは、相手にとって喜ぶべきことと言えます。

こんなときは、1球ごとに「つなぎ」のボールと「攻め」のボールをしっかり分けて打つことから始めましょう。相手ボールが深いときは「つなぎ」のボールで自分たちも深く返し、相手ボールが浅くなったときは「攻め」のボールを打ってネットに詰めるのです。

「あのポイントはこうすれば良かった」と後悔する

勝てるヒント 134

攻めて犯したミスならOK

ゲームポイントやセットポイントなど大切なポイントになればなるほど、失点したときのショックは大きいものです。しかし、失ったポイントを悔やむことで、その後のポイントやゲームにまで影響を及ぼすのは避けなければいけません。

私は、いつも「攻めにいって犯したミスは仕方ない」と思ってプレーしています（守りのプレーでのミスは再発しないように気を付けていますよ）。

このように思えば、気持ちはすっきりします。自分自身もそうですが、自分のパートナーも、失点したときはガックリきますが、すぐに元気を取り戻します。

いくら悔やんでも、終わってしまったポイントは返ってきません。ならば、次のポイントが始まるまでに、ニュートラルな精神状態に戻すように努めようではありませんか。

風・日差し・雑音が気になり出す

勝てるヒント 135 相手も同じ条件であることを思い出す

良い精神状態でプレーできているときは全く気にならない周りの環境が、妙に気になってしまうことがあります。

どんなに風が吹こうとも、どんなに暑くても、これは環境のせいではありません。集中できていない自分自身の問題です。

こんなときは、相手も同じ条件で戦っていることを思い出してください。試合がもつれて疲れているときなど、「苦しいのは相手も同じだ」と思えるかどうかが勝負の分かれ目になったりするものです。私自身、何度も苦しい試合を経験しているので、強い気持ちを持つことが勝利に導いてくれることを確信しています。

どんなつらい状況でも「辛いのは自分だけじゃない」ということに気付いてください。そして、そういうときこそ攻め時なのです。チャンスは目の前に広がっています。

おわりに

これまで「テニスの本」というと、「打ち方」や「攻め方」を中心にまとめられたものが多かったと思います。

その意味からすると、本書は異質かもしれません。それは、「考えるテニス」というキーワードでまとめたからです。

しかし、私の40年以上の経験から「あることとの違いに気付いて考えること。そして考えたことを体で表現すること（＝実行すること）が上達への近道だ」と言うことができます。ショットだけではありません。試合でも同じです。

今までも私が「考えるテニスは大事ですよ」と話すと、「頭ではわかっているんだけど、できないよ！」と言う方が大勢いらっしゃいました。しかし、そんな方でもレッスンが終われば、「考えるテニスの大切さがわかりました」と納得してくれました。今まで体に染み付いてしまった「クセ」だったり、固まってしまっている「考え方」が、新しいテニスの表現を邪魔していたことに気付いてくださったのです。

ぜひ、あなたも「考えるテニス」を始めてください。失敗してもイイじゃないですか！

考えて、行動を起こせば、そこから新しい自分のテニスが生まれます。

本書は、135の「勝てるヒント」で構成されています。この中で一つでもいいから、あなたの心に響くヒントがあることを期待しています。そのヒントをきっかけに考えたことを実行できれば、あなたのテニスは上達します。そして、試合に勝つことができるでしょう。


最後に、私の好きな言葉を紹介したいと思います。

「困難な局面に出会ったときに、一歩踏み出す勇気が新しい世界を広げる」。

たとえファイナルセットのタイブレークで相手にマッチポイントを握られた局面でも、私はこの言葉を信じて勝利を目指してプレーします。

あなたも「昨日の続きのような今日のテニス」は止めて、「いつでも新しいものを吸収したい！」と思えるテニスライフを送ってください。そのためのキーワードが「考えるテニス」なのです。

楽しくてワクワクする新しい世界が待っています。あなたも、私と一緒に最初の1歩を踏み出してみませんか？

2020年4月　橋爪宏幸

橋爪宏幸　はしづめ・ひろゆき

＊テニスクラブ・フロンティア所属
＊プリンス・アドバイザリースタッフ

1959年11月3日生まれ。東京都出身。麻布高校、東京薬科大学を卒業。薬剤師免許と文部科学省テニス指導員資格を取得。現在、神奈川県横浜市で薬局を経営するかたわら、試合・レッスン・出版活動を続けている『戦う薬屋さん』。強打するのではなく、観察・組み立て・駆け引きで勝ち取ったタイトルは200を超える。近年は2017・2018年全日本都市対抗大会神奈川県代表、2018年横浜市民大会55歳以上男子ダブルス、神奈川オープンベテラン45歳以上男子ダブルス、神奈川オープンベテランウインター50歳以上男子ダブルスで優勝。コーチに教わったことやスクール経験はなし。多くの回り道をしながら独学で培ったテニス理論は実践的でわかりやすく、読者や生徒から定評がある。出版活動は、テニス専門誌『スマッシュ』での連載記事のほか、WEBサイト『テニスストリームTV（https://www.tennisstream.tv/）』では動画レッスンの配信や週刊コラム「勝利のレシピ」を執筆。また今までに『配球とコンビネーションで勝つテニスダブルス』、『テニスダブルス　勝てるポジショニング・決まるショット』（ともに学研プラス）をはじめ、出版した書籍は19冊に及ぶ。「生涯現役」を目標に、横浜市の社会人テニスサークル「テニスクラブ・フロンティア（http://f-tennis.net　入会希望者募集中）」で活動中。

考えるテニス 新装版

読めばテニスが楽しくなる、強くなる。「勝てるヒント」135話

構成・編集　澄田公哉
装丁　野村勝善(HANA＊Communications)
イラスト　宮古　哲
協力　熊坂貴子
笹部純子
テニスストリームTV《http://www.tennisstream.tv/》
企画・編集　酒井靖宏(学研プラス)

※本書は、WEBサイト『テニスストリームTV』の著者連載コラム「勝利のレシピ」を大幅に加筆・訂正し、2013年3月に発行した書籍『考えるテニス』の新装版です。

2020年6月9日　第1刷発行

著　者　橋爪宏幸
発行人　鈴木昌子
編集人　滝口勝弘
発行所　株式会社　学研プラス
〒141-8415　東京都品川区西五反田2-11-8
印刷所　中央精版印刷株式会社

この本に関する各種お問い合わせ先

本の内容については、
下記サイトのお問い合わせフォームよりお願いします。
https://gakken-plus.co.jp/contact/
在庫については　Tel:03-6431-1250(販売部)
不良品(落丁・乱丁)については　Tel:0570-000577(学研業務センター)
〒354-0045　埼玉県入間郡三芳町上富279-1
上記以外のお問い合わせは
Tel:0570-056-710(学研グループ総合案内)

© Hiroyuki Hashizume 2020 Printed in Japan
本書の無断転載、複製、複写(コピー)、翻訳を禁じます。
本書を代行業者等の第三者に依頼してスキャンやデジタル化することは、たとえ個人や家庭内の利用であっても、著作権法上、認められておりません。

学研の書籍・雑誌についての新刊情報・詳細情報は、下記をご覧ください。
学研出版サイト　https://hon.gakken.jp/